松本ぷりっつの
夫婦《めおと》漫才旅
ときどき
3姉妹
ご当地
名物めし編

はじめに

今回も適当夫婦の
ゆるーい旅行記が始まりますよー。

旅のテーマは**「ご当地メシ」**。
メシならなんでも美味しい我々夫婦ですが、
そこでしか食べられないものってまた格別！

食べる前のワクワクと
初めて出合う美味さに、
「このグルメ思いついた人ありがとう!!」って

ご当地の真ん中で愛を叫びたくなります！（笑）

もちろん食べ物だけではなく、
素晴らしい景色や**珍しいイベント**など、
旅の醍醐味をたっぷり味わってきました。

たくさんの写真と
一緒に綴った漫才旅を
どうぞゆっくりご堪能ください！

それでは、出発進行〜！

もくじ

第1章

お久しぶりの家族旅行で名古屋めし堪能の旅

前編

エリア【愛知県・名古屋市】

春休みだーーっ
ひゃっはーー
久しぶりの家族旅行へ行こうぜーーっ
どこか行きたいところある？
ニュージーランド!!
オレはさー名古屋なんかどーかなって思ってんだよねー
スルー…
名古屋って何があるの？
名古屋城!!
あーまた城っスね…
テンション
あとは…みそかつ!!
昔、仕事で名古屋いってた時に食べたあのみそカツの味が忘れられないのサ…
ほうっ?!
テンション
他にも名古屋グルメには天むす 手羽先 ひつまぶし ういろうなどがありますッ!!
ふぉおおおぉ
テンション
食べものリサーチ係 →

名古屋に行くしかないですな!!
しかたない ニュージーランドは今度で…
…
じゃあ今回は「お久しぶりの家族旅行で名古屋めし堪能の旅」──っ!!
おーーっ
というわけで行ってきました名古屋!!
どーーん
まずこちらのささしまライブ駅へ行って…
クルーズ船で移動するよーーっ
中川運河を運行する船に乗ることに
わ〜!!
あった!!
カラフルー
椅子もフカフカで快適な船内♪
出発ーーっ
ガーデンふ頭までの水上散歩を楽しみました

川にはたーくさんの水鳥が
鳥好きなのですぐ調べる
あの顔が白いのがオオバン!!
あっちはホシハジロ
ほうほう
オオバン
オオバン
覚えたから言いたいだけだろ
オシャレなカフェっぽい店
わーーっアレはなんだろ?!
オオバン
みもしないで言うな
途中にある「中川口通船門」
この運河、むこう側と水位がちがうんだって
海側の水位が高いから水位をあわせてから門をあけるんだって!!
たしかに最初はこれくらいだった水位がどんどん高くなっていく!!
WATER LEVEL
NP
▼2.6M
▼2.2M
▼1.8M
NP
▼2.4M
▼2.0M
▼1.6M

もどる時は水位をさげて合わせるらしい
もし合わせずに門をあけたらどーなる?!
ザッパーン
ひゃっはー
スプラッシュマウンテン?!
目を輝かせるな
そんなこんなで名古屋港ガーデンふ頭に到着!!
鳥が出むかえてくれた
おひるたべよーーっ
わーーい
公園には南極観測船ふじのスクリューや
南極犬タロ・ジロの像も
あとで南極観測船ふじも見にいこう
うんうん
公園をすぎて少し歩いたところにある「枡SARA」さんに入りました
枡 SARA
JAPANESE SAKE & TEMPURA
天丼がすごいらしい
海鮮丼もすてがたい〜

そのすごい天丼がコレ
ホントにすごいっ
エビ何本?!
そしてこちらは海鮮マウンテン
いや刺身あふれちゃってますが?!
SARA
JAPANESE SAKE&TEMPURA
ボリューミーでおいしいランチにみんな大喜び!!
ごはんがでてこない
たべてもたべてもエビ
お刺身プリップリでおいしー
いやーたべたたべた
このあとは?
水族館にいこう!!
やったーっ
ということでJETTYというモールを通って…
有名な名古屋港水族館へ!!
名古屋港水族館
ご案内

とにかく大きな魚が たーくさんいるこちらの水族館
イルカやシャチやベルーガが 海みたいな水槽で優雅に泳いでいます
イルカ かわいーっ
近いっ でかいっ
その分広くてみどころが多すぎる!!
もちろん小さい魚も めずらしい魚もたくさん
みて!! いい写真 とれたーっ
どれ どれ?
※潜水服の写真
魚を とれ!!
感動 してつい
みどころのひとつ ペンギンもめちゃくちゃかわいかった!!

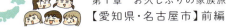

シャチも大迫力だったし…
初期のクジラの姿にもりあがったし…
犬やん
まちがって水に入ったら意外といけたわ…みたいなタイプ?
あちこちに展示されている骨格標本もすごい
どーだった?
ちんあなごのように上へ上へ向かって生きようと思った!!
こんだけみて感想ちんあなご?!
とにかくとてもたのしい水族館でした!!
そのあとJETTY内にあるこちらの「おやつ研究所」で
おやつ研究所
たいやきサンドを注文!!
ゆきみ大福
白身魚フライ
イチゴカスタードホイップ
甘いのももちろんおいしいけど…
まさかの白身魚フライがドストライクだわ～

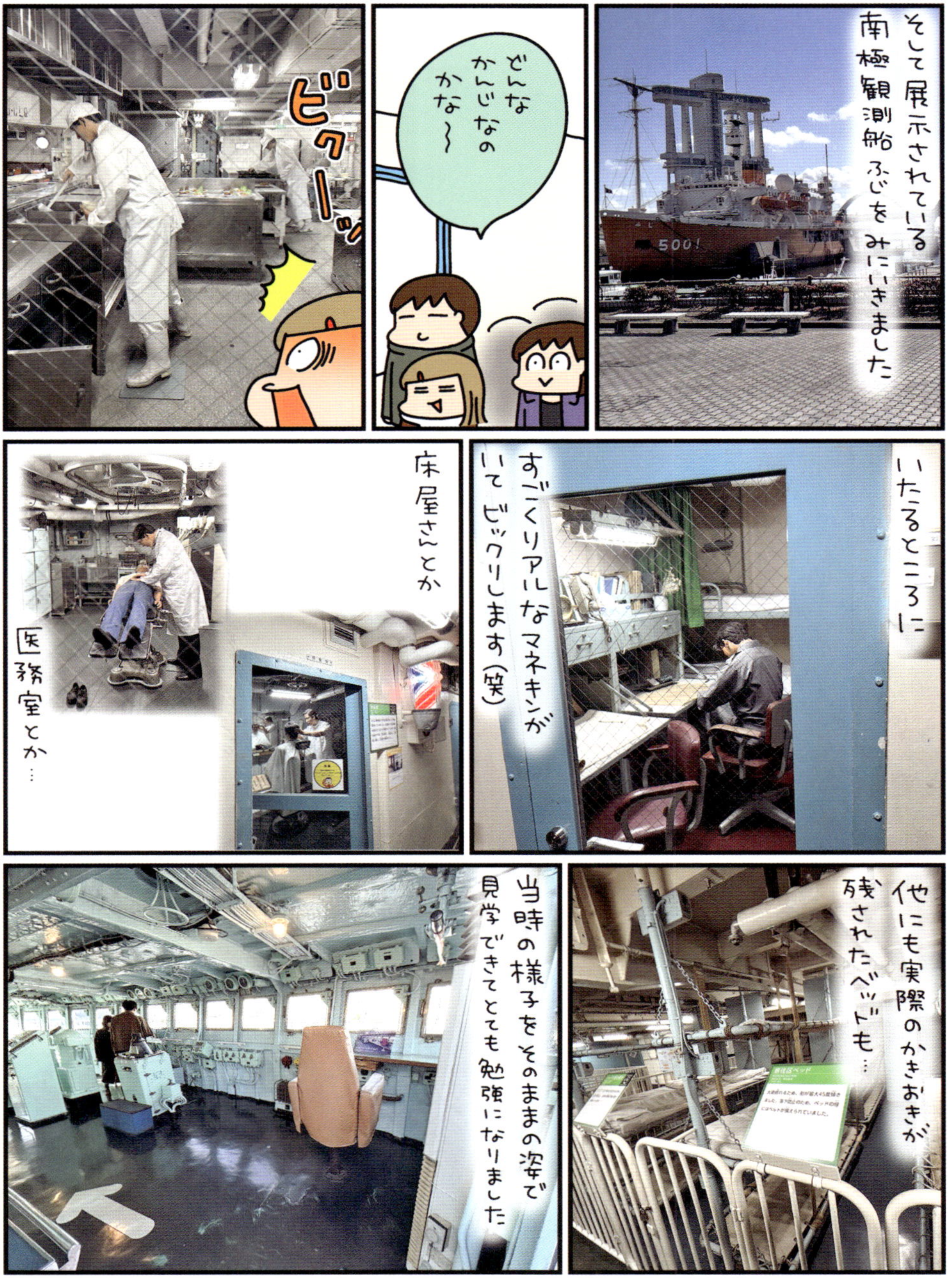
そして展示されている
南極観測船ふじをみにいきました
5001
どんな
かんじなの
かな〜
ビクーッ
いたるところに
すごくリアルなマネキンが
いてビックリします(笑)
床屋さんとか
医務室とか…
他にも実際のかきおきが
残されたベッドも…
当時の様子をそのままの姿で
見学できてとても勉強になりました

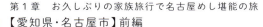

そして一日目のしめくくりは尼ヶ坂にある「つばめパン&Milk」さんへ
北海道の小麦をつかった天然酵母のパン屋さんだって
お店がオシャレー
雑貨もあってかわいい店内
カルボナーラトースト
¥750-
BLTTサンド
¥770-
つばめフレンチトースト
¥730-
パン大好きだからうれしーよー
メニューがただものじゃないーっ
そのただものじゃないメニューがこちら
オムレツサンド
あつぎりバター
カルボナーラトースト
ナポリタントースト
とにかくどれも絶品!!
たまごふわっふわ〜っ
なんじゃこりゃーっ
パンがもちもちーっ
感動ーっ

とってもかわいいエコバッグも思わず買っちゃいました♡
最後は栄駅に降りて…
わー タワーがキレイ〜
オアシス21という施設の「水の宇宙船」へ
地上14メートルにある床がガラス張りの立体型公園です
床が光ってキレイ
いろんな色になる!!
ここからながめるタワーもとってもステキでした〜
明日はいよいよおまちかねの名古屋城だぞ!!
喜べーーー、
は…はあ…
そこまで待ってないけどね…?
そんなわけで後編へつづく!!

Matsumoto Purittsu no
MEOTO MANZAI TABI
gotouchi MEIBUTSUMESHI-hen

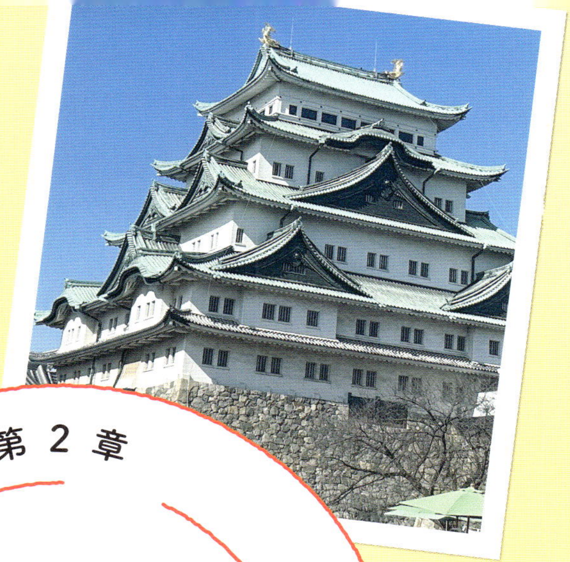

第2章

お久しぶりの家族旅行で名古屋めし堪能の旅

後編

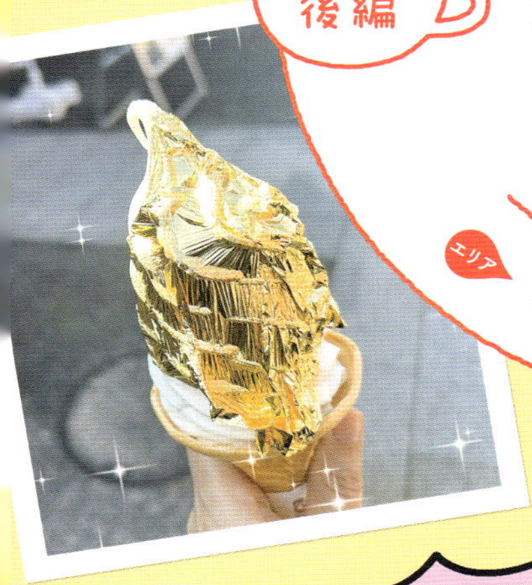

エリア

【愛知県・名古屋市】

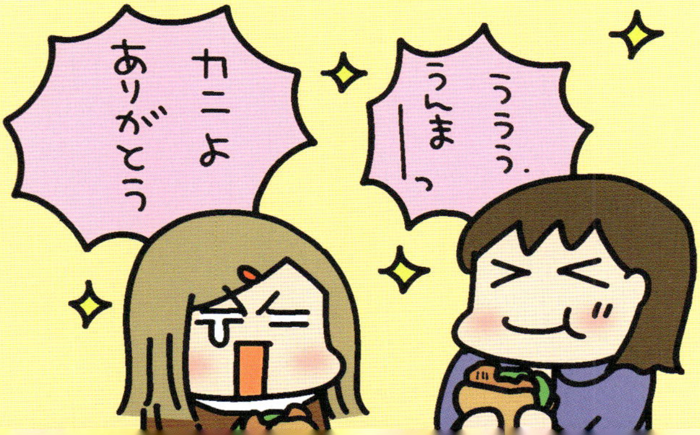

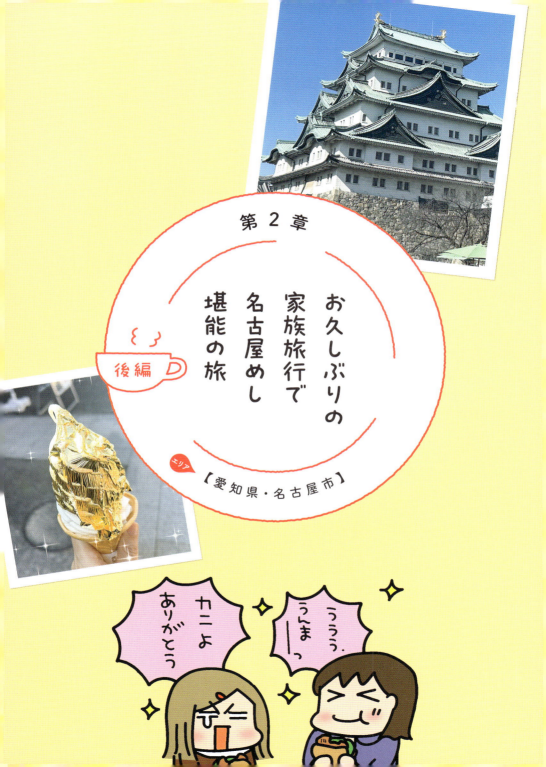

家族で名古屋旅2日目ーーっ
この日も快晴ーーっ
名古屋城へいくぞーーっ!!
わっしょーい
まず電車で名古屋城駅へ
出入口がかっこいい!!
名古屋城駅
名古屋城東門から入って広〜い敷地内を散策
むむ?! こちらはどなた?!
清正公石曳きの像
城をつくった人だね
石垣をつくるのにこういうでかい石を運んだんだよ
ホ〜
「清正自ら石の上に乗り音頭をとったと伝えられる」だって
清正の石曳
Kiyomasa's Stone Pulling
……
清正公石曳きの像
いや石に乗っておどってるだけじゃん!!
……
この人の分重くなってる
メーワク メーワク
※誤解です

その石垣は修復工事中
4000石をつみ直すんだって!!
よかったらあーしが石の上でセンスふりましょうか?
清正氏をあおんなよ
そのあと本丸御殿の見学へ!!
入ったとたんすんごいピッカピカ(笑)
わーお
上洛殿は将軍家光の宿として建築されたんだけど豪華すぎて逆に家光が不機嫌になったと言われているんだって
どーゆーことだよ!!
ツンデレだろそれ
その逸話に納得してしまうほどどこもかしこもま〜豪華!!
天井も彫刻もきらびやか〜
まぶしい…
いやー圧巻だねー一っ

そしてこれが天守閣!!
かっこいい!! 金のしゃちほこが輝いてる!!
今は天守閣に入れないんだ…
しょぼん…
また見られる時にこよう!!
外観だけでも十分な迫力じゃん
別角度からの城
いつか中に入れる時にまた来たいです!!
ご城印もゲット!!
特別史蹟
名古屋城
令和六年 二月十三日
よーし じゃあ 何かおいしいもの食べにいこう
やったーー
ということで名古屋城からすぐの金シャチ横丁に行きました!!
金シャチ横丁
ここは「義直ゾーン」
城下町みたい!!
お店たくさんある――っ

ここでのお目当ては…
縁起のよさそうな金箔ソフト!!
こちらのお店で買いましたよーっ
名古屋とうふ 河口
Nagoya Tofu KAWAGUCHI
名古屋とうふ 河口
うす〜い金箔をはりつけているところ
じゃーん!!
ピッカピカの金箔ソフト!!
なんと990円(笑)!!
これは金運あがりそーーっ
とうふソフトだから甘さひかえめでなめらか!!
でも味が濃厚〜〜っ
他にもいろいろ食べました!!
豆腐田楽
手羽先
金シャチドッグ
そして少しはなれたところにある「宗春ゾーン」ではSa・i・enというお店で
カニが丸ごと入ったシェルクラブバーガーを食べました!!
saier

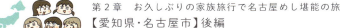

すっごい!!
殻ごとあげてるんだって!!
大胆!!
殻ごとだけど
とってもやわらかく
カニの風味が
口いーっぱいに
広がってめっちゃ
おいしかったです!!
うううう
うんまーーっ
カニよ
ありがとう
おやつ休憩のあとは
電車で「神宮前」へ移動し
熱田神宮へ
とーっても広い敷地の
由緒ある神社
緑が多く いやされます
おみくじ
ひこーーーっ
わーーいっ
おみくじ
よっしゃ大吉
え〜〜っ
末吉↓
吉↓
小吉↓
末吉↓
なんかお父さんて
よく大吉ひいてない?
どーやってんの?
不正みたいに
言うな
お、商売は
リアリーだって
(↗利あり)
欧米か
「待人来ず」!!
言いきるな!!
ワイワイと
おみくじをひいたあとは…

しっかりとお参り!!
とても神聖な雰囲気の本殿
(このむこうは撮影禁止)
そのあとは境内にあるくさなぎ広場へ
大きな船がありました!!
熱田神宮は三種の神器のひとつ草薙剣を祀る神社
…ということでここには「剣の宝庫草薙館」なるものが
入ろう入ろう
中は撮影ができないのですが…
かっこいい〜〜っ
たくさん並ぶ刀の数々に大興奮の父
撮影可の体験コーナーも
お…おも――っ
武将はこれをふりまわしてたの？
すごすぎる
さてそんな熱田神宮のお参りのあとは電車に乗って…
大須観音へ!!
わーここもすごいねーっ

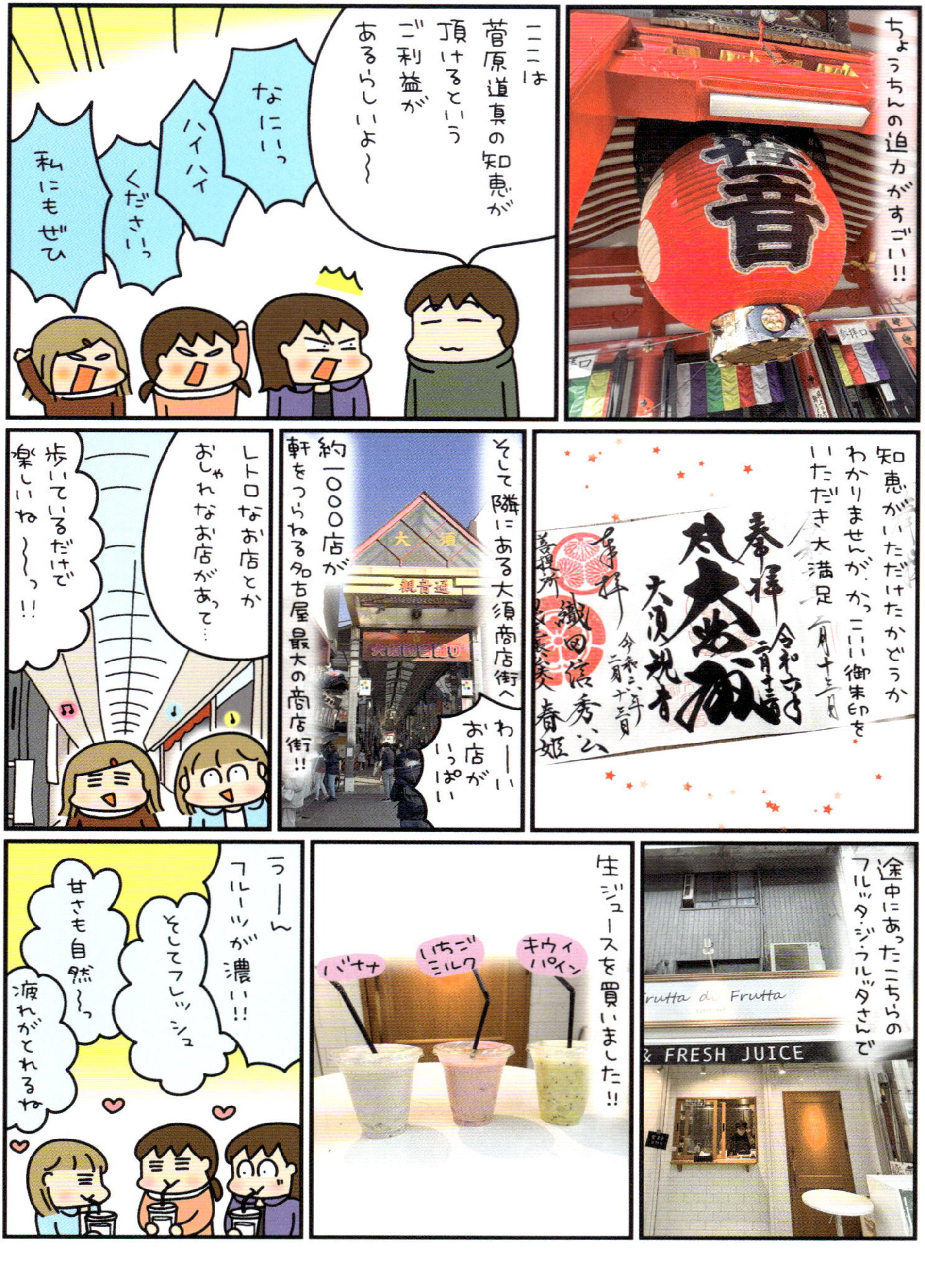
ちょうちんの迫力がすごい!!
ここは菅原道真の知恵が頂けるというご利益があるらしいよ〜
なにいっ
ハイハイ
くださいっ
私にもぜひ
知恵がいただけたかどうかわかりませんが、かっこいい御朱印をいただき大満足
そして隣にある大須商店街へ
大須
観音通
約一〇〇〇店が軒をつらねる名古屋最大の商店街!!
わーーい
お店がいっぱい
レトロなお店とかおしゃれなお店があって…
歩いているだけで楽しいね〜〜っ!!
途中にあったこちらのフルッタ・ジ・フルッタさんで
Frutta di Frutta
& FRESH JUICE
生ジュースを買いました!!
バナナ
いちごミルク
キウイパイン
う〜〜ん
フルーツが濃い!!
そしてフレッシュ
甘さも自然〜っ
疲れがとれるね

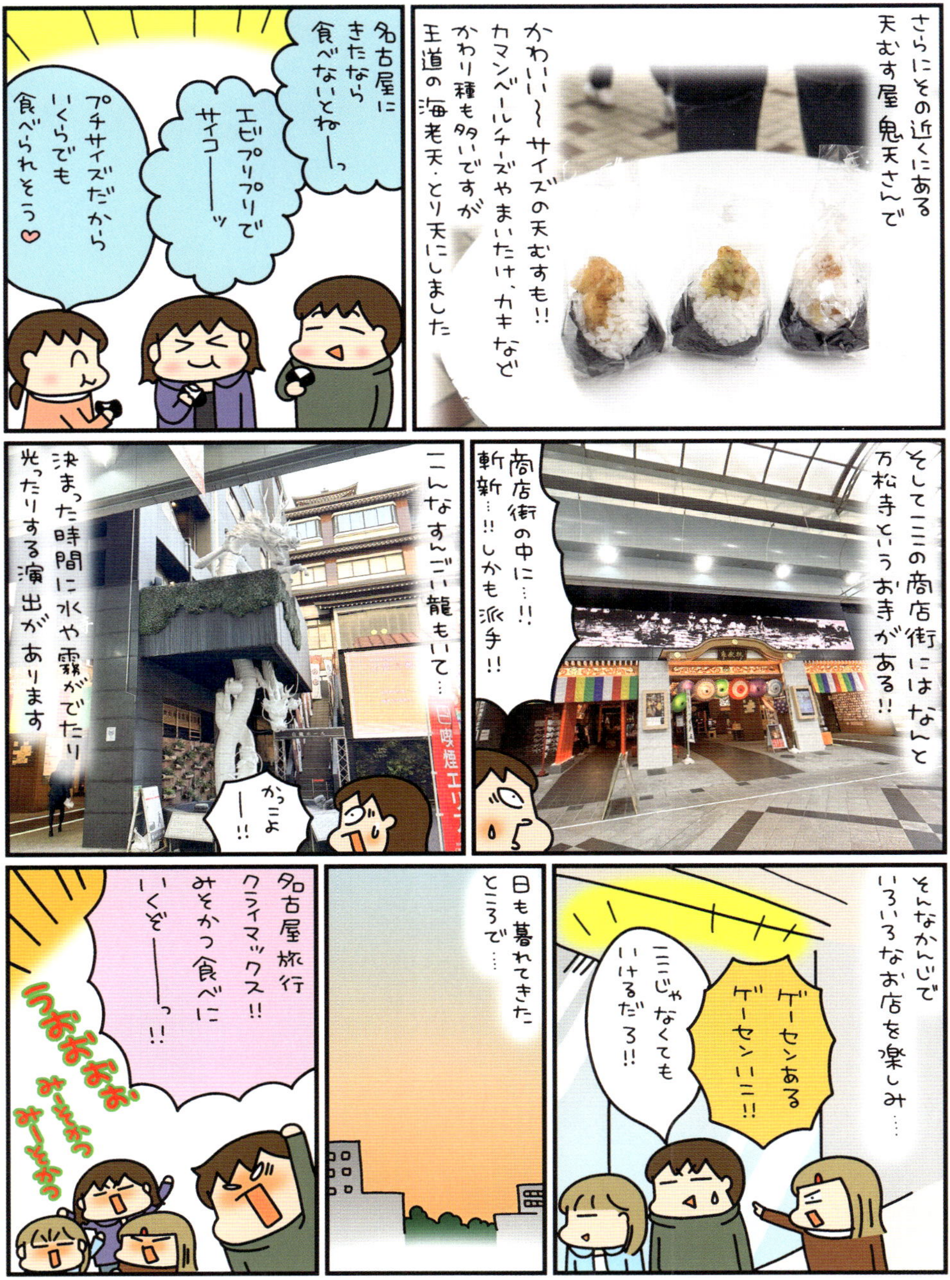
さらにその近くにある
天むす屋 鬼天さんで
かわいい～サイズの天むすも!!
カマンベールチーズやまいたけ、カキなど
かわり種も多いですが
王道の海老天・とり天にしました
名古屋にきたなら食べないとねーっ
エビプリプリでサイコーーーッ
プチサイズだからいくらでも食べられそう♡
そしてここの商店街にはなんと
万松寺というお寺がある!!
商店街の中に…!!
斬新…!! しかも派手!!
こんなすんごい龍もいて…
決まった時間に水や霧がでたり
光ったりする演出があります
かっこよー!!
そんなかんじで
いろいろなお店を楽しみ…
ゲーセンある ゲーセンいこ!!
ここじゃなくてもいけるだろ!!
日も暮れてきたところで…
名古屋旅行クライマックス!!
みそかつ食べにいくぞーーーっ!!
うおおおお
み～そかつ
み～そかつ

名古屋にきたらはずせない!!
矢場とん本店に行ってきましたーっ!!
矢場とん
外にいるブタさんとか…
地面にうつしだされるブタさんとか…
いすのブタさんとか…
とにかくブタがかわいい
名古屋のみそかつ…20年ぶりくらいかなーっ
私たち初めてなんだけど…こんな人気なんだねーっ
わくわく
満席でお客さんは大行列でした
注文したのは
極上リブとんかつ定食!!
お店の方がソースをかけてくださいます
みそダレがヒタヒタ!!
けっこうかけるのね
どばーっ
お味はもちろん…
うますぎるーっ
感動ーっ
ソースが多すぎて濃そう…と思いきやサラサラしててうまいっ!! このタレは飲めるッ!!
飲むな

肉はもちろんやわらかくて
ロースの脂も
ぜんぜん脂っこくない!!
こんな
でかいのにあっというま
に食べられてしまう!!
甘すぎない絶妙なタレに
さくさくのやわらかお肉…
人気があって
あたりまえ!!の
おいしさでした
ペロリ
とは
このこと!!
フツーだったら
この量、
完食できないかも
のみもののように
カツ食べたわ〜
THE・名古屋飯に大満足して
2日目もおわり…
旅行記は
ここまで…と思いきや
次の日の朝
ホテルのテレビの
情報番組で…
自分で
つくる
わらびもち?!
なんとたまたま
名古屋駅近くの
ステキなお店の
ロケが流れて
いたので…
帰るまえ
に寄って
いこーよ
なんて
タイムリー
ラストはこちらの「ふあろ」という
おそばやさんにいきました
隠れ家っぽい入口がオシャレ
できたばかりのお店らしいのですが
サインがいっぱい
エビ天そばやふあろそば(二八そば)
を注文!!
うつわがかわいすぎる——っ

薬味がたくさんあってうれしい〜〜っ
塩で食べるとそばの味がひき立つ!!
のどごしもいいね〜っ
おいしいおそばのあとは自分で作るわらびもちを注文!!
火をつけるのでまぜてください
わ〜〜
最初はただの液体みたい…
それを火にかけてまぜていると…
うおおぉお粘ってきたあぁーーっ
のびるーーっ
とろっとろであっつあつでふわっふわでつるんつるんのわらびもち完成!!
擬音多いな
アイスやきな粉と一緒にいただきました♡
幸せすぎる
おいしいいいい!! あったかくてつるつるるーーっ
朝テレビみてよかったね!!
ほんとに
そんなステキなお店のランチで旅をしめくくりました〜〜
名古屋たのしかったーー!!
ほんとに名古屋めしってサイコーだね!!
今回食べられなかったものをまた食べにきたいね〜〜っ
みそかつはやばい
誰か城の感想も言ってよ!!
ありがとう名古屋!! また行くぞーーっ

エリアマップ　愛知県・名古屋市

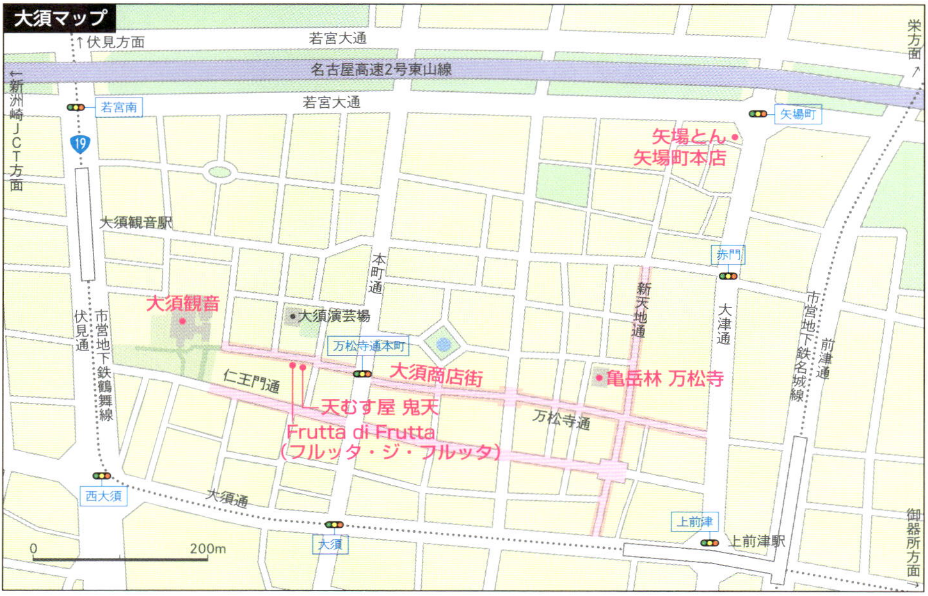

枡SARA　愛知県名古屋市港区入船2-3-2 ツインビル1F
名古屋港水族館　愛知県名古屋市港区港町1-3
JETTY　愛知県名古屋市港区港町1-7
おやつ研究所　愛知県名古屋市港区港町1-7 JETTY内
南極観測船ふじ　愛知県名古屋市港区港町1-9
大須観音　愛知県名古屋市中区大須2-21-47
大須商店街　愛知県名古屋市中区大須3丁目
Frutta di Frutta（フルッタ・ジ・フルッタ）
愛知県名古屋市中区大須2-18-19
天むす屋 鬼天　愛知県名古屋市中区大須2-18-21
亀岳林 万松寺　愛知県名古屋市中区大須3-29-12
矢場とん 矢場町本店　愛知県名古屋市中区大須3-6-18

エリアマップ　愛知県・名古屋市

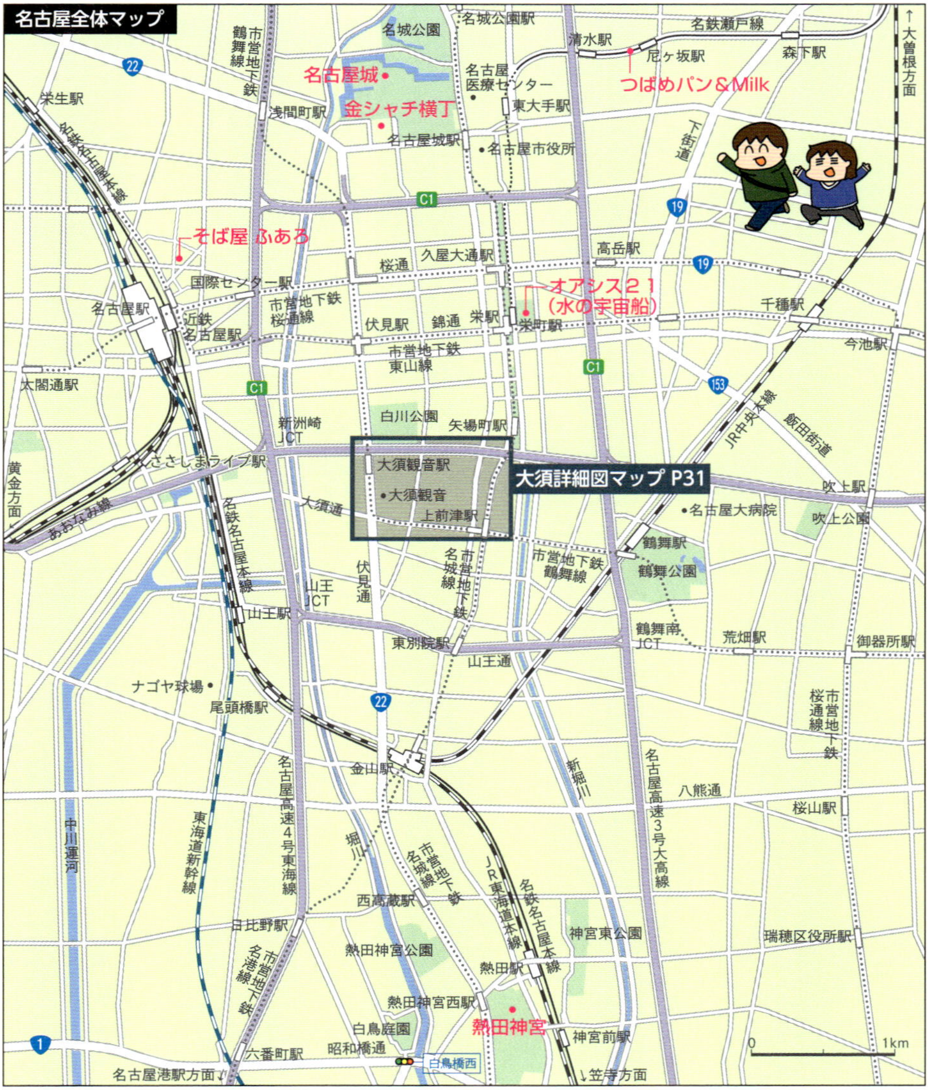

名古屋城　愛知県名古屋市中区本丸1-1
金シャチ横丁　愛知県名古屋市中区三の丸1-2 3～5号
熱田神宮　愛知県名古屋市熱田区神宮1-1-1
そば屋 ふあろ　愛知県名古屋市中村区名駅2-43-10
つばめパン＆Milk
愛知県名古屋市北区大杉1-18-21 SAKUMACHI商店街
オアシス21（水の宇宙船）　愛知県名古屋市東区東桜1-11-1

第3章

藤の花と地下神殿とご当地スイーツに出合う散歩へ

エリア【埼玉県・春日部市】

ある時…
とんでもないものをみつけてしまった…
埼玉の春日部に……
地下神殿があるだと――っ?!
こんなの知らなかった――っ
どーしたどーした
春日部にさこんな施設があるんだって
えっなんかこわい…
ぜひこの目でみてみたい
うむうむ
ということでその洪水対策施設とやらの見学予約をし…
せっかくだから周辺を散歩しよーっ
春日部ってご当地スイーツとか多いらしいよ
スイーーッ
それに藤の花が有名なんだって
ほうほう

では藤の花と地下神殿とご当地スイーツに出合う散歩へ!!
レッツゴーーー
…とはりきって地下神殿見学を予約したその日——
ザーーッ
みて週間天気みても今日だけ雨
むしろすごい!!
まあ予約しちゃったし…
今日は車だし
いくっきゃない!!
てことで雨の中出発〜〜
まず藤の花をみるため「藤花園」へ
雨が小降りになってる!!
ラッキー
ドン
藤の見頃は過ぎました
←容赦ない断言
入口
出口
あーーっ最近あったかかったしな〜〜…
でもその分安く入れるって
本当なら1200円のところ800円!!

藤花園の園内は
いろいろな種類の花が咲いていて
とーってもいい香り!!
そして見たことがない
大きな藤棚が!!
でかいっ
ここの「牛島の藤」は
特別天然記念物
なんだよ
なるほど
それだけに見頃を
過ぎてしまったのは残念でしたが…
立派な木の幹に感動
さすが樹令1200年
迫力は十分
伝わった!!
また
リベンジに
こよう
こちら おみやげに買ったポストカード
本来ならこの美しさです!!(笑)
じゃあ このあとは
おめあての
地下神殿へ!!
おー
車で首都圏外郭放水路へ

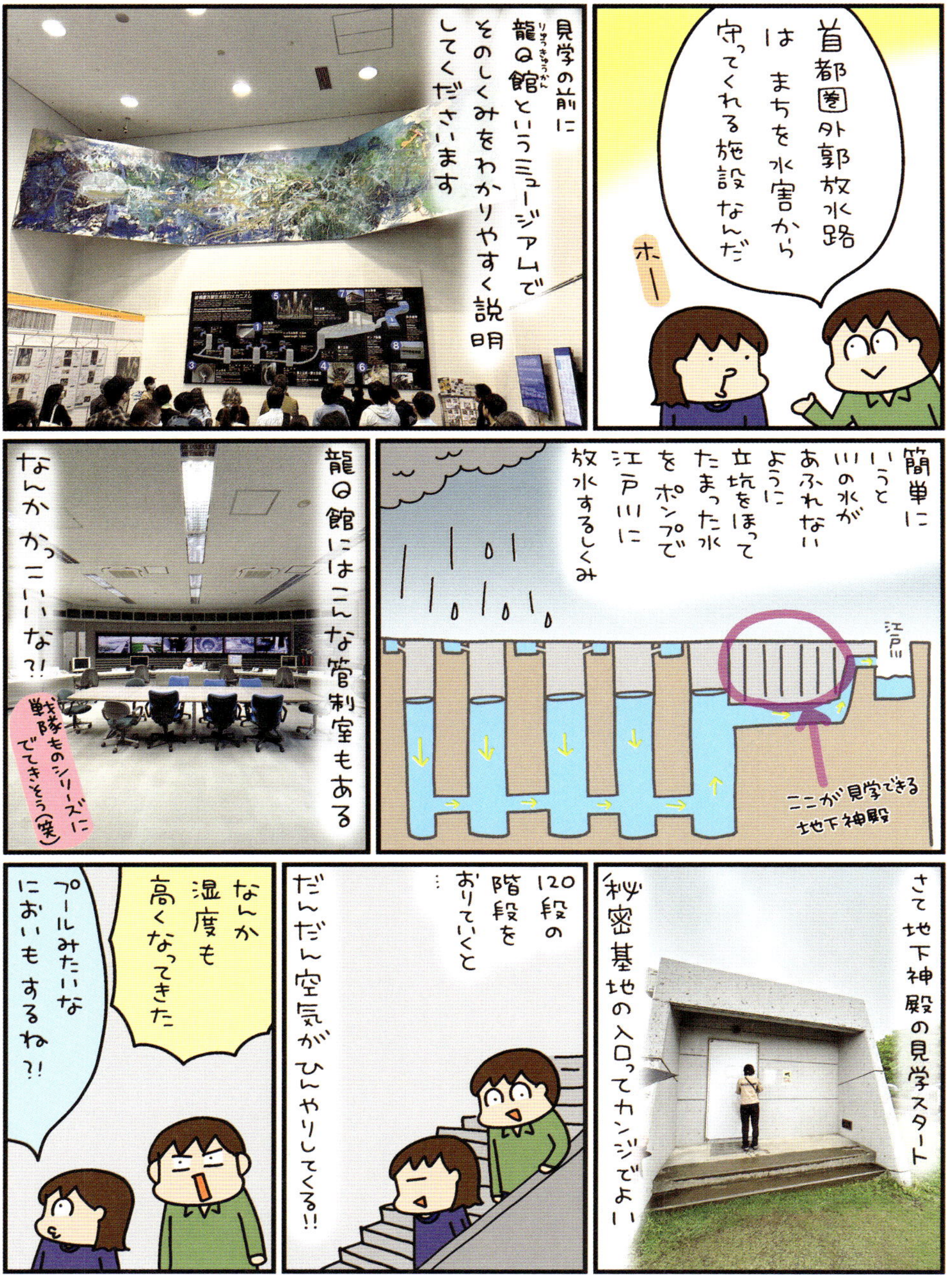
首都圏外郭放水路は まちを水害から守ってくれる施設なんだ
ホー
見学の前に龍Q館《りゅうきゅうかん》というミュージアムでそのしくみをわかりやすく説明してくださいます
簡単にいうと川の水があふれないように立坑をほってたまった水をポンプで江戸川に放水するしくみ
江戸川
ここが見学できる地下神殿
龍Q館にはこんな管制室もある
なんかかっこいいな?!
戦隊ものシリーズにでてきそう(笑)
さて地下神殿の見学スタート
秘密基地の入口ってカンジでよい
120段の階段をおりていくと…
だんだん空気がひんやりしてくる!!
なんか湿度も高くなってきた
プールみたいなにおいもするね?!

そしてコレが
調圧水槽地下神殿!!
うわ──っ
異世界!!
映画とかの撮影にもよくつかわれてるらしい
かっこいいもんねぇ～
ポカーン
水圧に耐えるためにつくられたこの立派な柱
これのおかげで本当に神殿のようにみえるのです
すぐとなりにみえるのが内径30m深さ70mの巨大な竪穴「第一立坑」
ここにたまった水がわーっと流れてきて…
あの高さまで水がたまります
なんかこわい
今、外の雨めちゃくちゃ降ってたけど…
大丈夫か?!
大丈夫にきまってるけど不安になる人々(笑)
たまった水を吸いあげるポンプは学校の25メートルプールの水を1秒で排出する力があります
強っ!!

こうして目からウロコな見学会は終了
神秘的なながめと雰囲気が本当にすごかったしそのしくみがとても勉強になりました
いやー楽しかった
さて そのあとはお昼 南桜井駅から近くのこちらの「蕎麦カフェ竜人」さんへ
おそばやさんとは思えない（笑）オシャレでかわいい外観
カフェという名のとおり店内もかわいい♡
ちょっとカントリーなカンジがいいね
注文したのはこちら
かけそばセット
きのこそばセット＋えび天ぷら
おそばはそば粉と豆乳のみで打った十割蕎麦!!
うーんきのこの出汁がきいてるーっ
そばののどごしも良い!!
天ぷらの葉っぱは柿の葉でした!!めずらしい!!
そしてデザートもまた絶品で…

豆乳ゼリー?! プリンじゃないの?!
→ …って思うくらい濃厚!! 甘さもちょうどよくて絶品でした!!
うんまーーっ
おいしいランチのあと「道の駅 庄和」にいってみました
その途中にみつけたコレ!!
春日部
マジでびびった!!
なんじゃコリャー!!
そうそう春日部は大凧あげでも有名なんだ
そういえば龍Q館にも凧があった
もうすぐ大凧あげのイベントがあるんだけど地下神殿の見学と日にちがあわなくて
エーーッ
みたいよ!! でっかい凧があがるとこ
じゃもっかいこよーか
別日におかわり春日部することにし…
道の駅に到着
庄和
道の駅
やっぱりここにも凧がー!! しかもでかいっ
ようこそ かすかべ

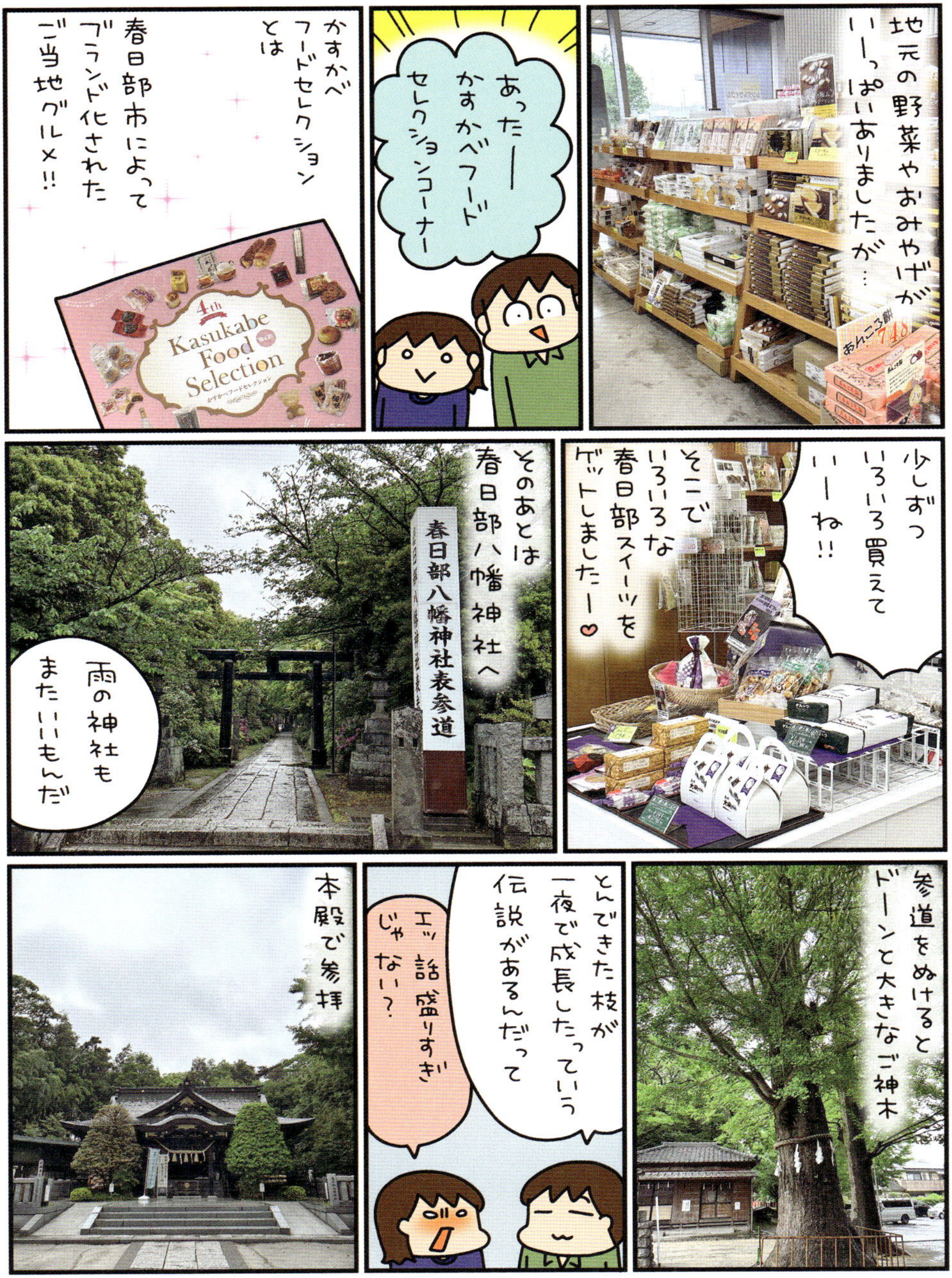
地元の野菜やおみやげがいーっぱいありましたが…
あったー かすかべフードセレクションコーナー
かすかべフードセレクションとは
春日部市によってブランド化されたご当地グルメ!!
4th Kasukabe Food Selection
かすかべフードセレクション
少しずついろいろ買えていーね!!
そこでいろいろな春日部スイーツをゲットしました～♡
そのあとは春日部八幡神社へ
春日部八幡神社表参道
雨の神社もまたいいもんだ
参道をぬけるとドーンと大きなご神木
とんできた枝が一夜で成長したっていう伝説があるんだって
エッ話盛りすぎじゃない？
本殿で参拝

本殿のまわりにたくさんの境内社や奥の宮などもあって
なかなかのパワースポットとみました!! ありがたや〜
直書きのかっこいいご朱印もいただきました!! 拝
総鎮守 春日部八幡神社 令和六年五月一日
八幡神社
奉拝 春日部稲荷神社 令和六年五月一日
稲荷神社
じゃ今日はここまでにして大凧あげの日にもっかいこよう!!
…てわけで
よっしゃーーー
数日後に再訪問!!
うってかわって超晴天!!
凧あげまで時間あるからこないだいけなかったカフェにいこう
うんうん
それがこちら春日部でとっても有名なオークウッドさん
2004
OPEN
中庭が広くてステキだし
なにココディズニーランド?!
カフェとショップのたたずまいもオシャレでびっくり
2004 OAK WOOD

ショップではクッキーやパン ケーキが買えます
私たちはお菓子をいろいろとゲット
そのあとカフェへ
カフェももちろんオシャレね
こちらを注文
オークウッドナポリタン
宇治
20周年限定デザートのハピネス
ミートボールがゴロゴロしててぜいたく!! この冷製スープも一気のみしたいうまさ!!
バケツでのみたいんだが？
そしてさすが有名パティスリー、ケーキのおいしさがハンパない とくにこのハピネスは…
なにがなんだかわからんけどうますぎる!!
食レポヘタか…
やばいぞコレ!!

冷たいシャーベットと
なんかサクサクしたのと
フワフワしたのとトロトロが
口の中でウワーーーッと…
感動ーーっ!!
擬音しか言ってない…
いや〜
春日部再訪
したかいがある!!
来られてよかったね〜
そのあとはいよいよ
江戸川河川敷の大凧あげ会場へ!!
す
いきなり大凧発見
すんげーっ
思っていた以上に
でかいわ〜
でもまさかあれが
とぶんじゃないよね
あれが
とぶんだよ
春日部マジか…
と思った瞬間だった
会場は出店がめちゃくちゃたくさん
あって、すっごくにぎわってる!!
祭りだーーいっ
こちらの春日部大凧焼と
海鮮からあげを食べました〜
超おいしかったーー♫

そして 凧がとぶ時間
まずは小凧（小凧といってもでかい）
大勢で力を合わせて凧をあげます
凧が空に舞うと会場からも歓声が
わーーっ!!
あがった あがったー
がんばれー
すぐ落ちてしまうのもあれば ずーっととびつづけている凧も…
そして 待ちに待った 大凧が スタンバイ!!
15メートル×11メートル 重さ800キロだって!!
スケール 大きすぎ!!
マジで?! それがとぶの?!
その凧がフワーーっと浮いた瞬間 あまりの迫力に本当に感動しました!!
ふおおーーっ
たこたこ あがれーーっ
天まで とどけーーっ
ワーーーッ

雄大な凧の姿…
かっこいいーーーっ!!
残念ながら あまり長くはあがらず 落ちてしまいましたが…
パチパチ パチパチ
いいもの みせてくれて ありがとう!!
パチ
パチパチ
会場は大盛りあがり!!
いやー 今回は 地下神殿に 大凧に… めずらしいもの たくさんだったね
うんうん
!!
そして おみやげの かすかベフードセレクション がこちらっ♥
ふる里ぽてと
黒豆蕎麦
羽子板もなか
今回おみやげ 多くない?!
ラッキー
私コレ 食べるーーっ
わーーー!!
オークウッドの お菓子も かすかベフード セレクションも 全部おいしくて 大好評でした
ふる里 ぽてと うまーっ
羽子板 最中もっ
春日部 ばんざーい
次は みんなで 一緒にいこうっ
いつか満開の藤をみにいきたい!!
以上 春日部散歩でしたーーっ!!

エリアマップ　埼玉県・春日部市

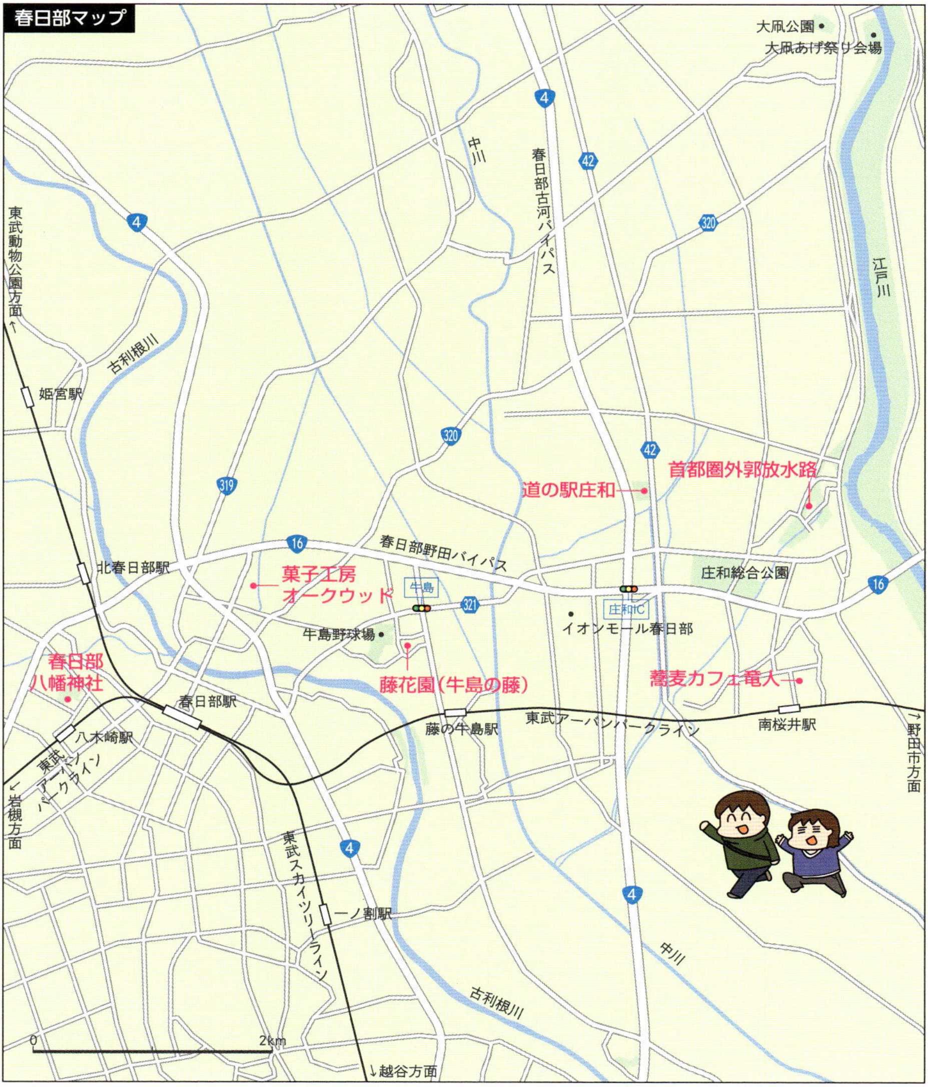

藤花園（牛島の藤）　埼玉県春日部市牛島786
首都圏外郭放水路　埼玉県春日部市上金崎720
蕎麦カフェ竜人　埼玉県春日部市大衾496-57
道の駅庄和　埼玉県春日部市上柳995
春日部八幡神社　埼玉県春日部市粕壁5597
菓子工房 オークウッド　埼玉県春日部市8-966-51

はみ出し春日部

今日すんごい凧みてきたの!! めーっちゃくちゃでかいやつ!! こーーーんなッ
エーーーッ どこで?! 水族館?!
かみあってない会話

第4章

銀座でキレイなアートとナイスなおみやげをゲットする散歩

エリア【東京都・中央区】

あるときふと仕事中に…
いやどーみても仕事中じゃないだろ!!
ボケ～
なんだコレはッ
みつけてしまった…
銀座アートアクアリウム美術館――?!
なんかすっごいキレイな写真→
ちょっとみてーコレ行きたいッ
おぉ…すごそうだね?!
銀座といえばオレも気になってる場所があるんだー
なになに
「千社札」っていう好きな名前を入れたシールとかストラップを作れるお店があるの
ほう
推しの名前を入れた推し札を作りたくないか?!
なに――っ絶賛推し活中の我々にとって夢のような話…!!
※バカ夫婦
じゃ今回の散歩は銀座周辺にしよう!!
やったー
銀ぶら銀ぶらー
ザギンでシースー
わーい
若い子誰も知らないような死語…

では今回は「銀座でキレイなアートとナイスなおみやげをゲットする散歩」!!
ってことでいってみよーーっ
ゴーゴゴー
当日
ザーー
あのさ…なんなのよこの雨の確率
スケジュールもかえられないからいくしかない…
残念な大雨（しかも結構な大雨）でしたが銀座散歩スタート!!
さっそくアートアクアリウム美術館へいってみよ〜
わ〜〜!!
場所は銀座三越の中
受付でチケットを購入し…
いざ入場〜
ART AQUARIUM
GINZA
ART AQUARIUM
温泉みたいな入口(笑)
入ったとたん別世界のような幻想的な雰囲気!!
フォーーーッ

うわ〜 この和の感じがすごくよい
キレイ〜
すぐにみえてきたたくさんの金魚たち
わーすごい!!
もう圧巻です!!
なんか香りもすごくいいんだけど?!
ほんとだね!! この和の空間にあったやさしい香り!!
くんか
くんか
館内にはたくさんのテーマ別のエリアがあり…
展示のデザインがどれも美しくてみとれてしまいます!!
今回は藤の花がテーマだったので…
アートフラワーだけど→
思わぬところで春日部のリベンジ?!!

光と音楽と香りと
そして花と金魚
全部が美しい和の
空間をつくっていて
本当にステキな
美術館でした
こんなアートは
なかなかないよね
そしてなんと!!
この銀座三越に
パワースポットがあるんだって!!
なんと
それがこの
9階のテラス
ガーデンにある
…
銀座出世地蔵尊!!
こんな
都会のどまん中の
デパートに…
ありがたや〜
出世地蔵様は
このお堂の中
手水舎も
コンパクト(?)で
かわいい〜
わざわざ
雨の中
お参りしてるんだ
から出世させて
ください
恩きせ
がましく言うな
そのあとはおとなりの
NISSAN CROSSINGへ
NISSAN
NISSAN CROSSING
日産の車の
展示場だよ

なんかすんごい車も展示されていた
DISASTER SUPPORT MOBILE-HUB
ポカーン
災害時支援車両だって…
車…ですかコレ
その2階にあるカフェはすごーくオシャレ!!
ここで日産の車や自分のオリジナルデザインのマキアートが注文できちゃいます
好きな車の写真を選ぶんだって
これがマキアートなんてすごすぎる!!!
どうやって作ってるんだーっ
NISSAN CROSSING
自分の顔の写真でも作ってくれるって
それはさすがにマズそう…
自虐→
車のマキアートはお味も本当においしかったです!!
一息ついたあとはお昼を食べに!!
何たべるの?
日本最古のインド料理店があるのよ そこでカレー食べたい♥
ホ〜〜

そんなカレー大好き人間のダンナがチェックしていたのがこちら
ナイルレストラン
ナイルレストラン
NAIR'S RESTAURANT
店内の壁画がド迫力!!
老舗!ってカンジの雰囲気がいいね
昭和な我々にはうれしい♫
注文したのはこちら
名物ムルギーランチ
お店の方が目の前でチキンをほぐしてくれます
このチキンがホロホロでやわらかくてめちゃくちゃおいしい!!
「まぜて食べてください」とのことでごはんやキャベツ・ポテトそしてチキンをまぜまぜ…
お味は…
ん〜っスパイスがきいててサイコーーッ
辛さと旨みが絶妙!!さすが名店っ
チキンもおいしいしキャベツがまたアクセントになってていいね!!

リーズナブルなのに量がたっぷりですっごくお腹がふくれる!!
家じゃぜったい作れない味だしリピートしたい
とーっても満足なランチになりました!!
お店をでると…
あら?! そのおとなりにジャムパン屋さんーー!!
銀座 月と花
飾りがかわいいお店が!!
売られているパンたちもコロコロしていてかわいい!!
そしてジャムの種類が豊富ーー!!
この中から白イチゴ、ぽんかん、究極のシナモンりんごをおみやげに買いました
中にバターも入ってるからあったためてたべるんだって
想像するだけでおいしそう♡
さてそのあとは
推し札づくりにいこーーっ
オー
少し歩いてストックプラスさんへ
STOCK+
千社札
好きな名前でシールや名刺木札などが作れる!!
私たちは木札のストラップを作ることに
千社札ストラップ
デザインがいっぱい!!

表も裏もデザインを選べる
これもいいし!!
これもかわいい
大きさもいろいろ!!
今回は推しの名前で申し込み!!
おねがいしまっす!!
完成までは40分ほど
その間歌舞伎座に行って…
その地下にある木挽町広場でおかいもの!!
広〜い
歌舞伎関連グッズがいっぱい!!
たのしいねェ
私たちはこんなお皿を買いました
それぞれ顔がちがうしょうゆ皿!!
しょうゆを入れると顔が浮きでる!!
コレは早くつかいたい
買いものを終え…
そろそろストラップできた頃だ
いってみよーー

完成品がこちら!!
じゃーーーん
うわーーーっ ステキすぎる…
わーー どこに つけよう
推しの木札 なんてなかなか ないぞーっ これはいいっ!!
オタク夫婦大歓喜!! ほんとうにかわいいし価格も お手頃なので もっとたくさん作りたい!!と思いました
歌舞伎・木札など 風情を感じるお散歩をしたあとは…
itoya
伊東屋に よって みよう
一度いって みたかった!!
ビル全部が文房具やさんという 文具好きにはたまらない 銀座伊東屋さん!!
COLOR
ORGANIZE
手帳・革小物
WRITE
高級筆記具
文房具
文具の品ぞろえが ハンパなく めずらしいグッズや 輸入品まで なんでもある!!
コレ かわいいーっ
もうみているだけでハッピー
ちょうどなかなか みつけられないパーカーの 替芯が買えて よかった!!
わーい ラッキー
うちの長女も イラストを描くし 文房具大好き なので…
ずっと LINEしまくって いました(笑)
ねぇ!! 4階も スゴイ!!
マジ?! ぜったい 行く!!
そしてお次は休憩でカフェに
SUZU CAFEさん!!
SUZU CAFE

店内も広々していてくつろげる〜
さすが銀座…入る店にハズレがない!!
うむ♡
こがしキャラメルの濃厚チーズケーキとSUZU名物カスタードプリンを注文
私が大好きなかったいプリン!! このかたさサイコー!!
カラメルも濃くてうまーいっ
さすが名物
チーズケーキもコクがあっておいしいわ〜
創業当時からの伝統だって!!
おいしいスイーツでしあわせ〜な時間を過ごし…
最後に立ち寄ったのは
銀座掌《たなごころ》さん とてもめずらしい備長炭専門店!!
GINZA TANAGOKORO
び…備長炭の店…?
炭うってるの…?
いろいろグッズがあるんだって
お店の雰囲気は高級感があってハイセンス♡

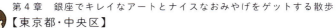

炭そのものも売られているし…
タオル 石けん うちわや 衣類など これにも 備長炭が?! とびっくりする 商品も
うちには 洗顔石けんや タオルを購入!!
おみやげいっぱい!!
楽しかったねーー
次はぜひ晴れた日に ゆっくり歩きたい
そーだね
…とかいってたけど 家についた時には めっちゃ晴れていました
なんなんだよ ホント!!
銀座掌さんで買った 洗顔石けんは、洗ったあと めちゃくちゃスッキリする!! と娘たちも大喜び 歌舞伎の しょうゆさしも 大ウケでした♫
夏だし こういう石けん ほしかったんだ〜
にらまれてる みたいで ウケるーー
ジャムパンも…
焼いて切るとこんなカンジ
パンがさくさく!! ジャムも自然な 甘さでおいしい〜
本当においしかった〜
おかわり!! ちがう味も かってきて
簡単にいうな!!
そんな銀座散歩でしたーー♡

エリアマップ　東京都・中央区

アートアクアリウム美術館 GINZA
東京都中央区銀座4-6-16 銀座三越

銀座出世地蔵尊　東京都中央区銀座4-6-16 銀座三越

NISSAN CROSSING　東京都中央区銀座5-8-1

ナイルレストラン　東京都中央区銀座4-10-7

銀座 月と花　東京都中央区銀座4-10-6

ストックプラス　東京都中央区銀座5-15-1

歌舞伎座（木挽町広場）　東京都中央区銀座4-12-15（歌舞伎座B2F）

銀座 伊東屋 本店　東京都中央区銀座2-7-15

SUZU CAFE-ginza-　東京都中央区銀座2-6-5 銀座トレシャス6F

銀座紀州備長炭ショップ 掌　東京都中央区銀座1-8-15

はみ出し銀座

歌舞伎のお皿顔が全部ちがうから5枚並べてつかいたいな～
しかたないから今日のごはんはお刺身にするしかないのでは?!
うまく誘導しようとしてる…

第5章

銚子で海や景色を楽しみながら大昔の日本を感じる旅

前編

エリア【千葉県・銚子市】

夏だ
夏です
あちぃーーー
しかしこの夏のひざしをあびながら散歩も楽しいにちがいない
ダラダラダラダラ
ムリしてない?
てことで夏の散歩へ行こうじゃないかーーっ
おー
夏っぽいところがいいな
海の近くとか
銚子は? 行ったことないし!!
チーバくんの耳?!
ココ
絶対海鮮とかおいしいじゃん
まちがいないね!!
いこういこう
海鮮って言った?!
ドン
海鮮食べたいです 連れてってください 私を連れていってくれたら さらに楽しい旅にすることを約束します!!
演説?
この2人は都合がつかず 急きょ次女が参戦することに
仕事休めない
用事ある
また私だけか すまんな ハッハッハ

銚子には ジオパークっていって 古い地層とか地形が 楽しめる所が たくさんあるんだって!!
へ〜
景色も すごそ〜っ
じゃあ今回は 「銚子で海や景色を楽しみながら大昔の日本を感じる旅」!! ってことで行ってみよ〜
海鮮も お忘れなく
センスいい おみやげ もよろしく——っ
というわけで 今回の旅は次女が とび入りゲストで3人旅 千葉県銚子に 行ってきました!!
乗ったのは 特急列車 「しおさい」
SERIES E259
かっこいい!!!
東京から2時間弱で 銚子に到着
ようこそ!醤油のまち銚子へ
醤油
しょうゆの 町なのか
市内はレンタカーで移動しました まずは「ちょうしのかんのんさま」と 呼ばれている飯沼観音(圓福寺)へ
とても立派な仁王門
本堂に 入れるかなーっ?!
なぜか寺の 本堂が大好き な人
わく わく
境内にかっこいい五重塔が!!
わ〜

これは目立つねぇ
千葉県唯一の五重塔なんだって!!
そして大仏さまも!!
1711年建立!!
貫禄あるぅ――
本堂は改装中でしたが…
あら?! 入れるかしら?!
中に入ることができました
思っていたよりも広〜い
三十七番
わー 大きい提灯っ!!
これは天井画
オォ〜〜 これはすごい!!
口 あいてます…
ポカーーーン
おびんずるさま?!
めっちゃ笑ってるな
浄
日帰りお遍路してみよう。
なむびんずるそん
なむびんずるそん
なむびんずるそん…
と、となえて…
身体の弱い部分を3回なでるとご利益が…!!
えーっとヒザ?! 腰?! 肩?!
だからキミはオツムだって

私は内転筋かな
バレエ視点?!
どこだよ
そんなかんじでお参り終了
みどころが多いお寺だったね!!
ちなみに少しはなれたところには大師堂があります
歴史を感じるパワースポット!!
しっかり御朱印もいただきました
奉拝 五重塔 薬師如来 令和六年八月五日 飯沼山
奉拝 十一面観世音 令和六年八月五日 飯沼山
奉拝 銚子大仏 坂東太郎 令和六年八月五日 飯沼観音
やったー
さぁー次はおまちかねのおひるごはんだっ
うおぉぉキターーッ
時々みえる海にテンションあがりまくり♫
ワイワイと車を走らせ…
海だーーっ
「一山いけす」さんに到着
一山いけす
店内にでーっかいいけす!!
もはや水族館

窓の外は大迫力の海!!
金目鯛の煮つけは絶対食べておきたいっ!!
絶対お刺身!!と思ってたのにメニューみたら天ぷらにもひかれる〜っ
わかる――っ
メニューが豊富すぎて悩みまくり
注文したのはコレ!!
まぐろの刺身
うにイクラ丼
うに鉄火丼
やきがき
むしアワビうにイクラ丼
金目鯛煮魚
うにをひとくち…
ぱく…
あま〜〜〜っ
すきとおるような新鮮な味っ
しかもたっぷりのってる
天才か?!
このうに!!
イクラもクセがなくて新鮮だからいくらでも食べられる!! イクラだけに!!
おもんないけど同意!!
マグロもトロトロだよォ
そして金目鯛の煮つけは本っ当――に絶品!!
身がホクホクで甘いタレがからんで最高においしかった〜

焼きガキもプリップリだったし…おいしすぎるサイコーのランチでした!!
ありがとう銚子の海の幸!!
ザパーン
一山いけすの目の前の海は「黒《くろ》生《はい》海岸」
2000万年前にできた岩や白亜紀前紀の地層がみられる!!
これは波で侵食されてこんな形になったから「とんび岩」っていうんだって
これも白亜紀の岩なんだ?!
ロマンだロマン
このあたりにはこういう昔の地層とか地形がたーくさん残ってるから♫
すごいな銚子!!
わく
わく
そして次は犬吠埼へむかうことに
その途中で寄った君ヶ浜しおさい公園
砂浜がキレイで太平洋も雄大っ!!
でかい木をみつけて喜ぶ次女
思い出に持って帰りたい
もうちょっとコンパクトな思い出さがして

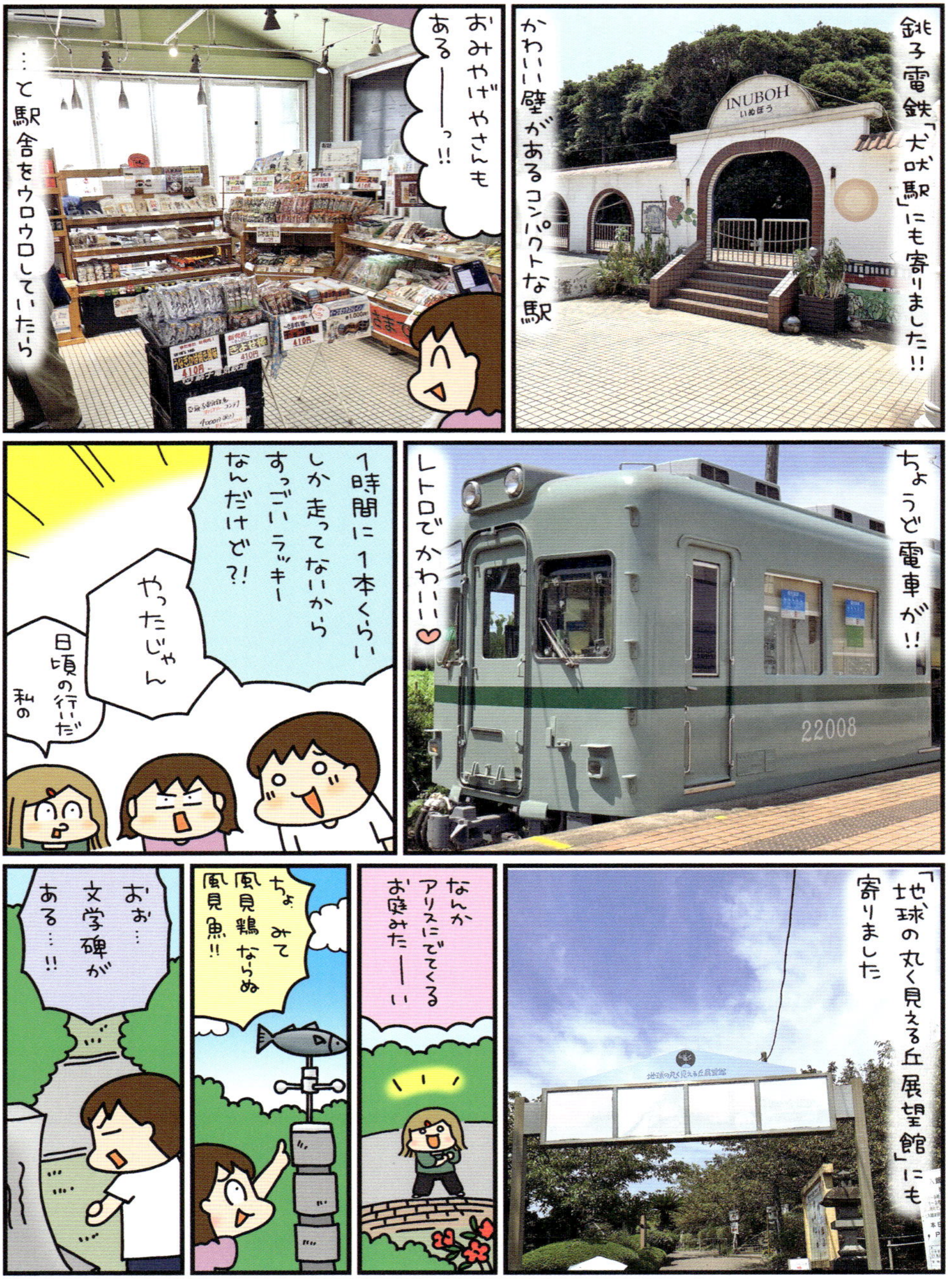
銚子電鉄「犬吠駅」にも寄りました!!
INUBOH
いぬぼう
かわいい壁があるコンパクトな駅
おみやげやさんもある――っ!!
…と駅舎をウロウロしていたら
ちょうど電車が!!
レトロでかわいい♡
22008
1時間に1本くらいしか走ってないからすっごいラッキーなんだけど?!
やったじゃん
日頃の行いだ 私の
「地球の丸く見える丘展望館」にも寄りました
なんかアリスにでてくるお庭みた――い
ちょ みて 風見鶏ならぬ風見魚!!
おお…文学碑がある…!!

この花もペンキぬられる花みたい
ワイワイ
※全員キョーミあるものがバラバラ
ねーーホラみてってば
文学碑かっこいいぞ!!
さあ展望台へ行こう地球が丸くみえるぞーっ
地球が丸くみえるってどゆこと?!
よくわからないまま展望台へ
まん中にさらに高い段があって…
そこからまわりをみると…
わあ〜〜っ
本当ーーーっにぐるーーーっと
360°ほぼ海!!
ずーーっと水平線!!
これはスゴイッ!!

なるほど…
地球は丸い
…!!
感動!!
丸い地球の上で(?)記念写真
こうして日本の端っこですばらしい景色をながめたあとは…
今度こそ犬吠埼へ
車で移動中…
あちこちにヒマワリ畑が
もう少しで咲きそうなヒマワリがたくさん
あっヒマワリ畑〜
今
ひとつだけ
オレの方みてる
ヒマワリがあった
オレのこと
太陽だと
思ってんのかな
フッ…
はい…?
謎のポジティブ発言はスルーして
犬吠埼へ到着

ずっと遠くにみえてた灯台だーっ
灯台のような白くてかわいいポストも
郵便
POST
う
灯台に
エレベーターはありません
階段は九十九段です
き…気合だっ!!
お…おう
弱気
せまいらせん階段をヒィヒィ言いながらのぼり…
まだか〜
ヒーヒー
キツイ…
最後の急な階段をのぼったら…
どこまでも広がる海!!
あっちがさっき行った君ケ浜だ
緑と青がキレイだね〜
風もとーってもきもちよかった!!
涼しーーっ

灯台のながめを楽しんだあとは周りを散策
少しおりたところに「白亜紀浅海《せんかい》堆積物《たいせきぶつ》」があります
白亜紀の地層!!
犬吠埼の白亜紀浅海堆積物
恐竜がいた時の地層ってことでしょ?! ねぇすごくない?! 今めちゃめちゃ感動してる
そんなに?
きのう映画「のび太の恐竜」みたばっかりなんだよ…
エモいわ〜
感動する理由それ?!
さらに少し歩くと…
おお…なんか岩がかっこいいね!!
ザ〜ン
ここ、東映のオープニングの波ザパーンってやつ撮ったところなんだよ
そーなの?! あの有名な波ザパーン?!
どの岩?!

みてこの動画あの岩にまちがいない!!
動画をみて本物の岩をさがし…(笑)
本当だ
ちょっとしょぼいけど波ザパーンの写真撮ってきました
さてそのあとは灯台のふもとにある「犬吠テラステラス」へ!!
INUBOW TERASU TERRACE
工芸品のセレクトショップがあったり…
HEALING
CRAFT
HEALING CRAFT
おみやげもたくさん
かわいいフォトスポットやブランコもありました
INUBOW TERASU TERRACE
カフェもあるから休憩しよ〜
お〜〜
そこのカフェで休むことに♡
続きは後編で〜

Matsumoto Purittsu no
MEOTO MANZAI TABI
gotouchi MEIBUTSUMESHI-hen

第６章

銚子で海や景色を楽しみながら大昔の日本を感じる旅

後編

エリア【千葉県・銚子市】

銚子散歩 後編!!
「犬吠テラステラス」にある
シーサイドテラスで
のんびり休憩〜
むかいにある
パン屋さんも
かわいい
入りたい…けど
今回は
ガマン…!!
ここで
れとろクリームソーダと
ソフトクリームを注文!!
それから
「三《み》角《かど》クラフトコーラ」も!!
ヤマサが作った
コーラだって
さすが
しょうゆの町!!
炭酸水に
このシロップを入れてつくります
どう?
あーー
なんかスパイシー
だけどちょっと
なつかしい味!!
さわやか〜
「三角ソース」の
レシピをもとに
コーラをつくったんだって
ソースからコーラって
すごい発想だね

おいしいドリンクで涼んだあとは…
こちらのぬれ煎餅駅へ!!
おみやげ販売所です
銚子電鉄⇔ぬれ煎餅駅
とにかくおもしろいくらいせんべいが並んでる(笑)
ぬれ煎餅の売りあげが経営がかたむいた銚子電鉄を救ったんだって
えらいじゃんぬれ煎餅!!
まずい棒なんてのもあるよ!!
大丈夫?! そのネーミング
いろいろと
まずい棒も銚子電鉄をたすけた人気商品
ちなみに味がまずいのではなく経営がまずい…からきている名前だそうです
おみやげに買っていこう
うなぎ味?! ぜったいおいしい♡
ここにはぬれ煎餅手焼き体験コーナーがあります!!
1枚100円!! リーズナブルでうれしい
やりたい

店員さんが丁寧に教えてくださいます
ひっくり返したらつぶして…
何度もひっくり返してつぶしていくと…
大きくなってきたー!!
最後にさっとしょうゆにくぐらせたら完成!!
いいにお〜〜い
あったかい!!
その場ですぐ食べられますが…
うーんおいしい
さくさくしてる
時間がたつとさらにしっとりとして売られているぬれ煎餅のようになりますよ!!
へ〜〜
半分のこしといてあとでたべよう
そんな楽しい体験をし、お次は…

屏風ヶ浦へ
国の天然記念物だよ!!
ずーっとつづいてる!!
10キロも続いてるらしいよ
それがこんなふうに残ってることがすごいよね〜
さすが銚子ジオパーク!!
そのあとは犬岩…
ほんとに犬だ!!
源義経が奥州へ逃れる時おきざりにされた犬が7日間なきつづけ8日目に岩になってしまったといういいつたえがあるんだって
岩になるのはやくない?!
そこ?!
そして千騎ヶ岩などをみて…
2億年前の岩だって
古すぎてピンとこない
ジオパークの見物は終了
銚子は貴重な自然の宝庫だね!!
コレは守っていかなきゃならないね

そして その日の晩ごはんへ
行ったのはデカ盛りで 有名なプレンティさん
あたたかい 雰囲気の店内
とにかく いろいろ デカイらしいよ
メニューも いっぱい!!
なんか食パン丸ごとの メニュー あるんだけど
それ いっちゃう ーー?!
グラタントース
ということで
グラタン トースト
エビフライ
オムライス
全部 でかーい!!
こちらを 注文!!
このグラタントースト、 パン1斤の中に あっつあつのグラタンがたっぷり…
パンを手でちぎって グラタンにつけて いただきました
すっごく 濃厚だった〜
パンがサクサク 中がふわふわ
グラタンはチーズ がたっぷりだ〜!!

エビフライも「いいの?!」ってくらい大きいし…
オムライスもあたりまえにおいしーーーっ
シェアして食べるのたのしいね!!
※1人1つの注文が必要です
そして食後に禁断の(笑)チョコパフェも!!
ドーーン
これもやばいっ!!
でも3人で食べたらペロリといけそう
アイス何個入ってんのコレ?!
インスタ映えまちがいなしだね~
いや~おいしかった
すっごい食べたのにけっこうリーズナブル♫
まんぞくまんぞく~
こんな感じで一日が過ぎ…
2日目は…
今日は帰る前にヤマサの工場見学に行くよ~
おーーーっ
しょーゆ!! しょーゆ!!
ドーーーーン
しょうゆの町
銚子のヤマサしょうゆ工場!!

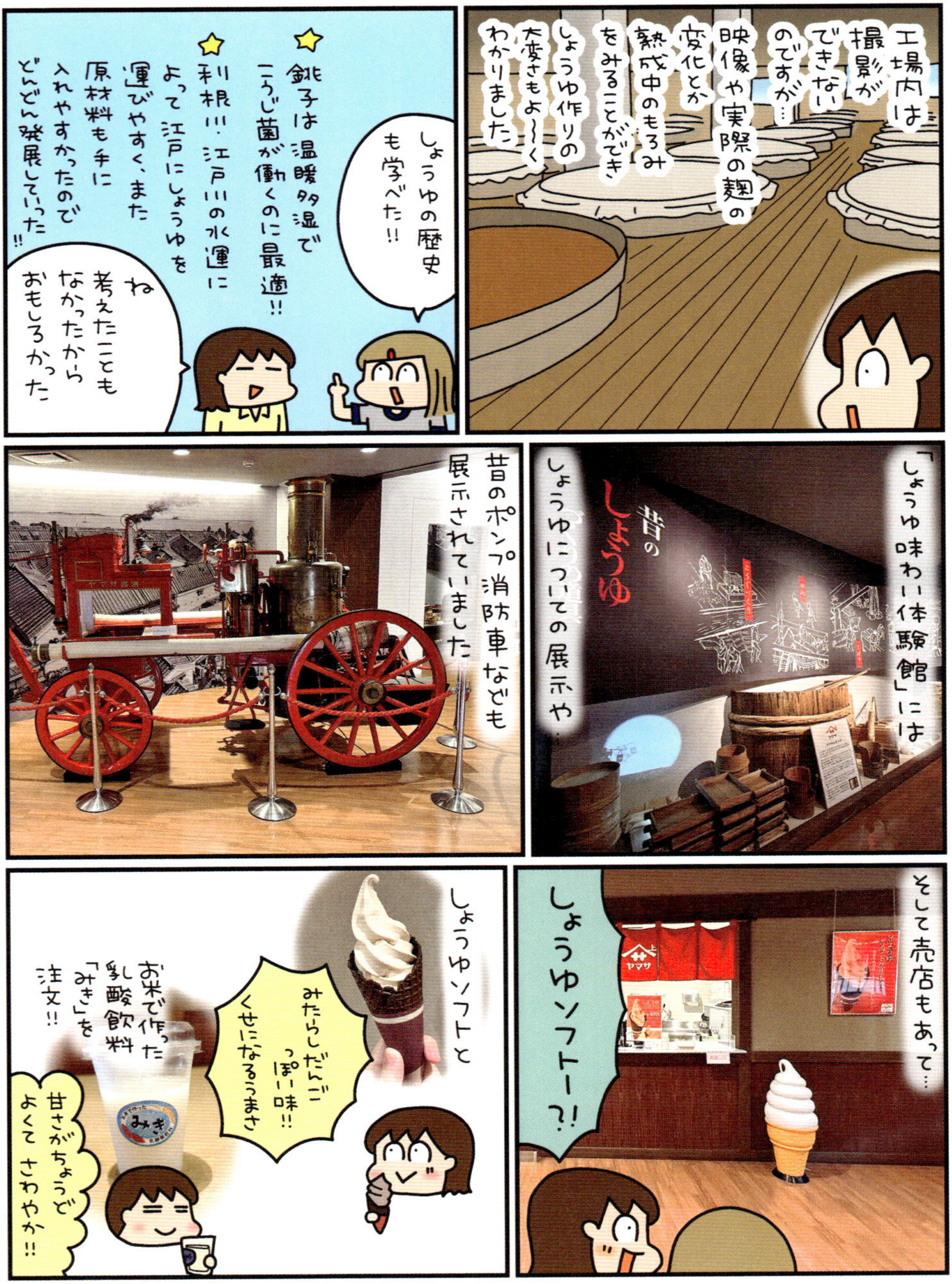

工場内は撮影ができないのですが…
映像や実際の麹の変化とか熟成中のもろみをみることができしょうゆ作りの大変さもよ〜〜くわかりました
しょうゆの歴史も学べた!!
☆銚子は温暖多湿でこうじ菌が働くのに最適!!
☆利根川・江戸川の水運によって江戸にしょうゆを運びやすく、また原材料も手に入れやすかったのでどんどん発展していった!!
考えたこともなかったからおもしろかったね
「しょうゆ味わい体験館」には
しょうゆについての展示や…
昔のしょうゆ
昔のポンプ消防車なども展示されていました
そして売店もあって…
しょうゆソフトー?!
ヤマサ
しょうゆソフトと
みたらしだんごっぽい味!!くせになるうまさ
お米で作った乳酸飲料「みき」を注文!!
みき
甘さがちょうどよくてさわやか!!

見学のおみやげは おしょうゆ♥
これは うれしい
丸大豆 しょうゆ 特選
大きいタルの中で記念写真もとりました
ヤマサ しょうゆ工場見学記念
2024年 8月 6日
最後はまた車で移動し…
静岡の時みたいに風力発電の風車がたくさん
銚子ポートタワーに行きました
おーー 高いっ!!
まずは連絡通路を通っておとなりのウオッセ21をのぞいてみました
倉田丸
いろんなお店があって市場みたい
海産物のにおいいいわ〜〜♥
そこでねりものだらけのこちらのお店を発見!!
カレーボール

私たちはカレーボールをおみやげに買ったのですが これがもう絶品!! おいしすぎて あっというまになくなりました(笑)
銚子港
黒潮のおくりもの
そしてそのあと ポートタワーにのぼり
景色を堪能
テレビ望遠鏡なるものがあって大ハシャギする人
そこにネコがいる!! ホラ歩いてる
遠くをみたまえ
ここはかつて夫婦ヶ鼻という岬だったそうで夫婦の絆を強くするスポットといわれているらしい!!
てわけで一応(?)写真をとって絆を強くしてきました(キャベツの札もって)
そんなかんじで
暑い夏の楽しい旅は終了
いやーホントにチョーシいいね
チョーシーい!!
オヤジギャグ…
留守番2人へのおみやげはたくさんのお菓子♡
これは犬に
ピーナツ大好きなのわかってるじゃーん
まずい棒がめっちゃおいしいってどういうこと
喜んでもらえてよかったです♡
ボリボリ
ボリボリ
青い海とたくさんの貴重な地形をめいっぱい楽しめた旅でした!!
また行くよ銚子ーっ!!

エリアマップ

千葉県・銚子市

銚子電鉄 ぬれ煎餅駅　千葉県銚子市小浜町1753
プれンティ　千葉県銚子市笹本町165

エリアマップ　千葉県・銚子市

飯沼観音（圓福寺）　千葉県銚子市馬場町1-1
一山いけす　千葉県銚子市黒生町7387-5
君ヶ浜しおさい公園　千葉県銚子市君ケ浜
地球の丸く見える丘展望館　千葉県銚子市天王台1421-1
犬吠埼灯台　千葉県銚子市犬吠埼9576
犬吠テラステラス　千葉県銚子市犬吠埼9575-2
ヤマサ醤油工場見学センター
千葉県銚子市北小川町2570
銚子ポートタワー　千葉県銚子市川口町2-6385-267
ウオッセ21　千葉県銚子市川口町2-6529-34

第7章

神楽坂で風情ある街並とオシャレなお店を楽しむ散歩

エリア【東京都・新宿区】

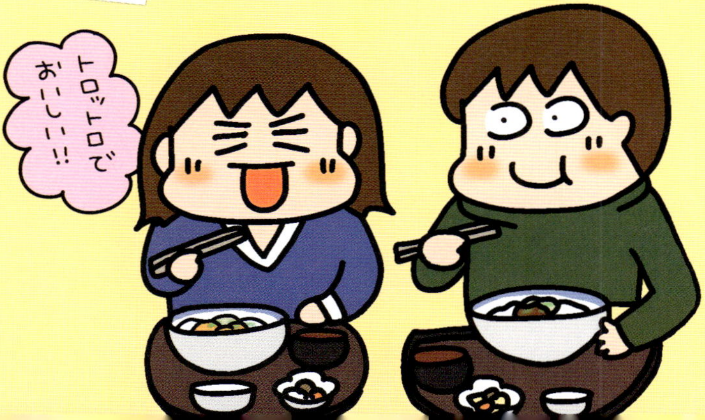

神楽坂ってさぁ〜
魅力的なお店いっぱいあるよね〜
東京グルメ
そーーなんだよ!!
わっ
「夫婦漫才旅」でお世話になってるKADOKAWAさんが神楽坂の近くじゃん？
打ち合わせであのあたりのごはんやさん行くとオシャレだしおいしいし打ち合わせの内容まったく入ってこないの!!
堂々というな
あのへん歩いてるだけで気になる店だらけで楽しいんだよ!!
じゃ次の散歩は神楽坂にしちゃう?!
しちゃう!!
なんなら次の散歩もその次の散歩も神楽坂にしちゃう
フォオオオオ
おちつけ
というわけで今回は「神楽坂で風情ある街並とオシャレなお店を楽しむ散歩」というテーマでおでかけしてきました〜〜!!
いくぞーーっ

飯田橋駅から神楽坂通りへ!!
神楽坂通り
Kagurazaka-dori St.
神楽坂
まずは毘沙門天善國寺にいってみよ～～!!
ハーイ
坂を歩いてすぐに到着
朱色があざやかな毘沙門天
神楽坂
ここの狛犬は虎なんだよ
ホントだ強そう
毘沙門天
でも正面からみるとにっこり笑ってるみたいでかわいい(笑)
ねえみて七福神めぐりがあるよ
新宿山ノ手七福神巡り
・色紙…　1000円
・お像…　500円
・寳舟…　1000円
ね
1こずつ人形を集めて舟に乗せていくんだってかわいい!!
全部集めたくなるね
というわけで御朱印と
七福神のお舟そして毘沙門天さまのお人形をゲット
招福
毘沙門天
毘沙門天
大黒天

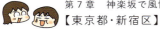

お次はこちらの雑貨屋さんへ!!
カラフルな和雑貨がいっぱい♡
KEN DAMA
品数がスゴーィ
そしてどれもこれも
オシャレすぎる
レトロなのに
新しい!!ってかんじだね
センスがサイコー♡
2Fまであって みているだけでワクワク!!
日本のふるきよき
文化…なんだけど
日本人がはしゃいでしまう
っていうね
めずらしいものが
たくさんあるんだもん
おみやげたくさん買っちゃいました
BONSAi
HACHI
KUROMATSU
2025
だるま
カレンダー
昔の風情がある
神楽坂に
ぴったりのお店
だね!!
たしかに〜
またいきたいな

そう、神楽坂は江戸時代に花街として栄えたところで
建物や路地、石だたみなどあちこちに歴史を感じる風景がみられます
こんな路地もたくさん!!
通っていいのかな
思わず歩きたくなる石だたみの小路
黒塀が多いのも神楽坂らしい景観
ここで、お世話になっているこのマンガの編集Ｉさんと合流しランチを食べることに
こんにちはーっ
いったのはこちら「兵庫横丁」にあるおいしんぼさん
ここは料亭だった一軒家をそのまま残したお店なんですよ〜
わ〜い

せまい路地にあって入口も小さいのに中に入ると想像以上に広い!!
小さな中庭もかわいい
湯葉が名物なんだって
湯葉大好き!!
てことでみんなで湯葉どんぶりの「舞妓《まいこ》飯《はん》」を注文
生うに舞妓飯
おばんざい五品舞妓飯
うなぎ蒲焼舞妓飯
湯葉があんかけなんだね!!
トロットロでおいしい!!
クリーミーですね――っ
おばんざい五品もいろいろ楽しめてお得感!!
みそ汁にも湯葉が入っててうれし〜
日本酒台帳なんてのがあったらたのみたくなっちゃうな――っ
それはそう!!
たくさん種類がある中からダンナはこちらをチョイス
納豆のお酒?!
要冷蔵
川口納豆
秋限定 納豆やさんとのコラボのお酒

スッキリ のみやすくて うまい!!
納豆の味がするわけじゃないのね
ドンドン のめちゃう
さらにもうひとつ気になるメニューも注文してみました
湯葉フォンデュ!!
豆乳と湯葉とチーズが入ったソースをとろとろにとかして…
パンや野菜、お肉などの具材につけて食べる!!
うおーー 特製フォンデュソースが濃厚でたまらーーーんっ!!
このソースだけ飲みたい!!
チーズと湯葉って相性よすぎですね!!
この具材たちもひとつひとつがすごくおいしい!!
残ったソースもぜーんぶキレ〜にたいらげました♡
大満足!!
デザートももちろん注文
豆乳パンナコッタ
生麩ぜんざい
こちらも上品な味わいでおいしかったーー!!

THE・神楽坂!! ってカンジのいいお店だったね〜
湯葉フォンデュのファンになったわ〜
そのあと少し歩いてかくれんぼ横丁へ
○○横丁がたくさんあるんだね
うんうん
ここも石だたみがキレイな道
なんか、この石だたみの中にマークがかくされているらしい
マーク?!
みつけると運気があがるとか!!
♡＝恋愛成就
☆＝出世運向上
◇＝金運向上
なんだって――?!
絶対みつけよう
しかしなかなかみつからず…
ないですねェ…
なんか私たちめちゃくちゃおちこんだんにみえるかも
やっとみつけた時は大盛りあがり
あったー星!!
出世じゃーー
そのあとダイヤもみつけましたがハートだけみつけられず…
うーむくやしい
かすみ目のせいか…

そしてこの かくれんぼ横丁にも おしゃれなお店が たくさんあるのですが…
マークさがして うろうろしてたら 気になるお店があった!!
もしかして あの和カフェ?
そー!! 入ってみたい
スイーツに目ざとい女子(笑)がチェックしていたお店がここ
神楽坂茶寮
このお店も入口は小さめなのに 中は広~い!! 2階までありました
そしてやはり デザインがおしゃれすぎ!!
神楽坂ってすごーっ
お茶の種類がたくさん!! 静岡・京都・鹿児島から選べるんだ!!
どれにしよ~~
昼ごはんのあとに スイーツたべた ばかりだけど…
あれはね、しめのデザート だから これが本番
?
ってことで本番のデザート!!
ドーン
抹茶の生しぼりモンブラン碧羅(へきら)
小布施栗の生しぼりモンブラン桂花
Saryō パフェ

でっか――!!
みた目も芸術的っ!!
フォオオオオ
お茶は鹿児島のほうじ茶鳳凰《ほうおう》と玄米茶 白鹿《はくろく》
そして煎茶フルーツソーダ
こんなフワフワなモンブランたべたことなーーい
中にアイスとか栗が入っててぜいたくの極み!!
パフェも抹茶づくしでサイコ〜〜!!
お茶もおいしい…しみるわ〜日本人でよかった
自分でいれられるのがうれしいですね 一煎、二煎と味の変化が楽しめるのがいい!!
こうしてとっても幸せ〜な時間を過ごしました
は〜おいしかった
ここでＩさんとはお別れ
ネーム待ってます待ってますよ!!
圧かけないで
そのあと神楽坂の街並を楽しみながらお散歩
小路がたくさんあってたのしいね
全部歩きたくなるね

TOKYO UNIVERSITY OF SCIENCE
東京理科大学だって～
お～かっこいい～
数学体験館があるよ!! 体験していく?!
ぜんぜん体験したくない
←数学キライ
数学体験館
チラッとみただけで脳がショートしそうな展示が㊫
ムリムリ日本語でたのむ
あれだね こうやってしっかり勉強してくれる人がいるから私のようなしょーもない人とのバランスがとれるんだ おかげで堂々としょーもなく生きられる ありがとう東京理科大学
何を言ってるんだ?
ここは見番横丁
「芸者小道」とよばれる階段
昔、芸者さんがこの小道を通って銭湯へ行ってお座敷にむかったんだって
なんだかノスタルジックな雰囲気だねぇ～
その銭湯がこちら
そのあと、今度は坂をあがって神楽坂上へ
神楽坂

五十番の本店があったので…
おみやげかおーーっ
神楽坂
肉まん
元祖五十番
五十番
ズラリと並ぶ種類豊富な中華まんの中からエビチリ・五目・ニラエビ・貝柱をチョイス
期間限定
カボチャまん 380円
黒ゴマあんまん 380円
黒豚胡椒まん 500円
角煮まん 630円
海老チリまん 610円
お家で蒸していただきました
でっかくて具がたっぷり!!
あっというまになくなりました〜
そーだ!! 七福神めぐり忘れてたーーっ
まだ一福神じゃん
ここから牛込神楽坂駅がすぐだから、一駅となりの経王寺にいってみよう
大黒様だね
…ということで通りを歩いていたら……
なにぃ?!
アルパカがいるの?! ここに?!
どーゆーこと?!
とつぜんのアルパカに動揺する2人
アルパカふれあいランド
そう、なんとここはアルパカとふれあえる施設!!
こんな都会のまん中にアルパカがいるとは…!!
↗グッズも買える 店内 まずここで受付

そしてとなりの部屋にいくと…
ホントにいたあ――っ
めちゃくちゃおとなしくて人なつこい2頭のアルパカ!!
毛もおしゃれに刈られてて本当にかわいい――っ
エサもあげられます!!
いっぱいおたべ～
もぐもぐ
モフモフ～
いやされる～
ずーっとさわっていたくなる気もちよさ
ハロウィンの仮装?もとってもにあってたよ～(笑)
思わぬうれしい遭遇のあと電車で一駅移動し牛込柳町の経王寺へ
大黒天
お参りしご朱印と
新宿山手七福神
毘沙門天
神楽坂善國寺
お人形も!!

今日は二福神までが限界だな
2人だとさみしそうだね
てことでアルパカふれあいランドで買ったアルパカをとりあえず乗せておきました(笑)
他の神様もゆっくり集めていこう!!
さ〜いろいろやってたら日が暮れて…またお腹も減ってきた!!
最後にごはんたべて帰ろう!!
もう一度 神楽坂にもどり先ほど歩いた芸者小道へ
夜の雰囲気はまたさらに趣があっていい!!
その芸者小道にあるこちらの「別亭鳥茶屋」さんに入りました
神楽坂名物の「うどんすき」が食べられるお店だって
うどんすき?! なにそのチャイコフスキーみたいな名前のメニュー
これがうどんすき!!
うどんとエビ、ハマグリ、かまぼこ、とり肉などが入ったなべ!!

はぁ〜 いいニオイ
寒くなってきた今の季節にぴったりだねぇ〜
ぐつ ぐつ
うどんの太さがすごい!!
もちもちで食べごたえあり!!
具材からでるうまみがたっぷりの汁もサイコー
最後に入れるおもちもおいしいっ
ちなみに今回「うどんすきコース」を注文したので絶品のコース料理もいろいろ食べられて幸せでした!!
神楽坂グルメをとことん満喫できてよかった〜
最後はこちらの「菓の子や」さんに立ち寄って…
いろいろなお菓子をおみやげに買いました!!
いや〜知れば知るほど来たくなるね 神楽坂!!
気になるお店がまだまだあるからまたこよう!!
趣があってレトロでオシャレ…そしておいしいものだらけの神楽坂♡大満足の散歩になりました〜
KADOKAWAさんまたいつでも打ち合わせに呼んでください(笑)

エリアマップ　東京都・新宿区

神楽坂広域マップ

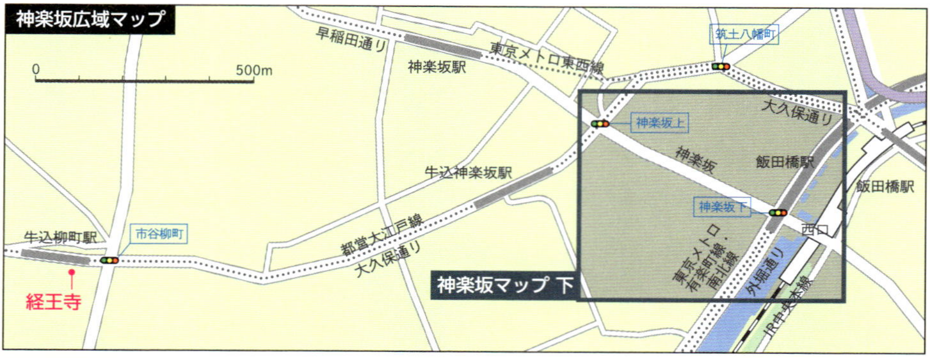

神楽坂マップ

善國寺　東京都新宿区神楽坂5-36
倭物や カヤ　東京都新宿区神楽坂3-2-6
神楽坂おいしんぼ 本店　東京都新宿区神楽坂4-8
神楽坂茶寮 本店　東京都新宿区神楽坂3-1
東京理科大学 神楽坂キャンパス　東京都新宿区神楽坂1-3
熱海湯　東京都新宿区神楽坂3-6
元祖五十番 神楽坂本店　東京都新宿区神楽坂6-4
アルパカふれあいランド
東京都新宿区岩戸町19 一五屋ビル102
経王寺　東京都新宿区原町1-14
別亭 鳥茶屋　東京都新宿区神楽坂3-6
菓の子や　東京都新宿区神楽坂2-10-4

第8章

ぷりっつプレゼンツ！
商店街で
おいしいものを
たべるだけ散歩

エリア【大阪府・大阪市】

実は先日…
大阪城みたいから大阪いこうぜ——っ
ヴォオオイ!!
…ってことになり
大阪旅を決行しました
この様子は描きおろしとしてこのあとに収録されていますッ
大阪前後編 お楽しみに!!
で、その時 私は考えた…
恒例の(?)ぷりっプレゼンツ食べ歩き散歩を大阪でやったらどうだろう
?!
…と
ダンナがあれこれ行き先を調べている中…
ここもいいな——
ここもいきたいな——
「大阪」「食べ歩き」「グルメ」
私も極秘で調査スタート!!
カタタタタ
ふおおおおお
また食べ歩き調べてんの?
あっバレてる
いや〜また「ほぼ食べるだけ」の散歩もしたいなーーと思いまして…
大阪おいしいもの多いだろうし〜
いつものパターンね
へっへっへ

そしたら こんな商店街を みつけたのだーっ
日本一長い商店街
天神橋筋商店街
全長2600m!!
なんと ここを ただ歩いて おいしそうなものを 食べるだけ という すばらしい計画を たてました
いかがでしょう
「なんと」って言うな 知ってるから
まあ せっかく 大阪いくし そんな 時間があってもいいか～
よっしゃー
そんなわけで お久しぶりの ぷりっつプレゼンツ 「大阪夫婦旅に 便乗した、 商店街でおいしいものを たべるだけ散歩」を してきましたーっ
レッツゴー
本番(?!)の散歩を 終え…
最終日!!
天神橋筋
きたぞ 天神橋筋 商店街!!
これが 日本一長い商店街!!
1丁目から 7丁目まで あるらしい
ここでスタート 私たちは天六(6丁目)から 天一(1丁目)にむかっていきました～
12月だったのでクリスマスのよそおい♡

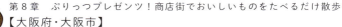

すっごい!!
なんでもあるね!!
約600店舗
あるらしいからねぇ
レトロな小さいお店に
ハイセンスなカフェ
やおやも食堂も
カラオケもゲーセンも薬局も雑貨屋も
コンビニも…
とにかくないものがない!!
このアーケードから
出なくても一生
暮らせるじゃないか
うらやまし〜っ
ほんとに
そんな
にぎやか商店街で
さっそく
グルメさがし!!
はっ
くんくんくんくんくん〜
カレーの
においっ!!
カレー
たべたいっ
→カレー大好き男の
嗅覚フル稼働
おいしいにおいは
ここからでした
天五にある
天満七福神さん

いろんな串カツがあってカレーにトッピングするスタイル!!
プチトマト 一〇〇円（一一〇円）
ぎんなん 一〇〇円（一一〇円）
オクラ 一〇〇円（一一〇円）
エリンギ 一〇〇円（一一〇円）
穴子 一五〇円（一六五円）
くり 一五〇円（一六五円）
ベビーコーン 一五〇円（一六五円）
カッパ軟骨 一五〇円（一六五円）
ササミ 一五〇円（一六五円）
たけのこ 一五〇円（一六五円）
はも 一五〇円（一六五円）
ウインナー 一五〇円（一六五円）
チューリップ 一五〇円（一六五円）
コロッケ 一五〇円（一六五円）
にんにく 一五〇円（一六五円）
山芋カツ 一五〇円（一六五円）
えび餅 一五〇円（一六五円）
ミニアメリカンドッグ 一五〇円（一六五円）
鳥つくね 一五〇円（一六五円）
ししゃも 一五〇円（一六五円）
いわし 一五〇円（一六五円）
スジカツ 一〇〇円（一一〇円）
げそ 一〇〇円（一一〇円）
貝柱 一〇〇円（一一〇円）
カマンベールチーズ 一〇〇円（一一〇円）
豚ロース 一〇〇円（一一〇円）
いか 一〇〇円（一一〇円）
たこ 二五〇円（二七五円）
ふぐ 二五〇円（二七五円）
コンニャクカツ（二本） 二五〇円（二七五円）
アスパラ 二五〇円（二七五円）
海老 二五〇円（二七五円）
七福串（たら） 三〇〇円（三三〇円）
サーモン 三〇〇円（三三〇円）
子持ち昆布 三五〇円（三八五円）
豚ヘレ 三五〇円（三八五円）
牛カツ（二本） 三五〇円（三八五円）
おでん
たまご 一〇〇円（一一〇円）
いも 一〇〇円（一一〇円）
ゴボ天 一〇〇円（一一〇円）
平天 一〇〇円（一一〇円）
ちくわ 一〇〇円（一一〇円）
こんにゃく 一〇〇円（一一〇円）
糸こんにゃく 一〇〇円（一一〇円）
厚あげ 一五〇円（一六五円）
きんちゃく 一五〇円（一六五円）
とうふ 二〇〇円（二二〇円）
大根 二〇〇円（二二〇円）
鳥つみれ 二〇〇円（二二〇円）
すじ（二本） 四〇〇円（四四〇円）
カレー
ミニカレー 三五〇円（三八五円）
プレーンカレー 五〇〇円（五五〇円）
一品
おにぎり（一個） 一五〇円（一六五円）
えだまめ 一〇〇円（一一〇円）
オニオンスライス 二五〇円（二七五円）
スライストマト 三〇〇円（三三〇円）
キムチ 三〇〇円（三三〇円）
湯とうふ 三〇〇円（三三〇円）
冷奴（夏季限定） 三〇〇円（三三〇円）
たたききゅうり 三〇〇円（三三〇円）
全て税込価格です。
カレー2杯くらい食べたい!!
1軒でお腹ふくれちゃいますよ
串カツも山盛りに食べたかったけどグッとこらえ…(笑)
七福神(たら)
たこ
おでんも少々♡
山いも・チーズ・エリンギ
食べてみると…
カレーが甘い!!
フルーティというかうまみたっぷりの甘さ!!
甘口カレー大好きーっ
あとから少しスパイシーな辛さがくるのがいいね
串カツはサックサクでどの具材もサイコーにおいしい!!
カレーにもあうね～～
あつあつでうま──っ
カレーなんてのみものだよ～あと2杯はのめるよ～
おちついて

めっちゃおいしいカレーと串かつで大満足したあとは…
oimo de.
蜜芋専門店
鳥刺し
蜜芋専門店!!
小さくてとってもかわいいお店
oimo de.
蜜芋専門店
いろいろなおいものスイーツ
シルクスイート使用
さつまいもバター
税込¥550
シルクスイート使用
とろ〜り蜜の大学芋
税込¥550
oimo de.
食べ歩きにもよい♡
おいも好きにはたまら〜ん
どれもおいしそうでまよう〜
今回はこちらを注文!!
濃厚蜜芋パフェ
oimo de.スライスバターしょうゆ
いもが甘くてとろける〜〜っ
ヒィイィィィ
おいものドーナツももちもち!!バニラアイスと合いすぎる〜〜っ
感動〜
このスライスもとまらないんだけど
甘じょっぱいのがたまらんね〜
おみやげに干しいもも♡
oimo de.
サービスやきいももつけてくださいました♪

さらに商店街を進みます
さーどんどんいくぞーっ
アーケードによって装飾の雰囲気が変わるのも楽しい!!
そして天四にあるたこ焼道楽わなかさんへ♥
大阪きたら食べてってや～
たこ焼道楽
わなか
天四店
たこやきはたべておかねば
4種類の味が楽しめる「おおいり」とせんべいにたこ焼きがはさまった「たこせん」
文句なしのおいしさ!!
たこ焼きトロットロ!!
せんべいとたこ焼きもベストマッチだわ～
さらに進んで天二へ
天神橋2
mini mini
まだまだつづく商店街
そこにあった天神橋中村屋さん
ん？お店かな？と思うくらいこぢんまり(笑)
コロッケが有名らしいのですがお昼の時点ですでに売り切れ!!
残念～
すごい人気なんだねーっ
てことでミンチカツを注文

これがまた うまいのなんのって!!
サクサクで 肉のうまみが あふれる——っ
あつあつ ジューシー!!
食べ歩きに もってこいなのも うれしいね
いつかコロッケも 食べてみたいな〜
そして最後はその先にみつけた
こちらのカフェへ!!
CAFE 大阪茶会 OSAKA CHAKAI
パッとみ、器やさんなのかと思うくらい たくさんの食器が並んでいます
デザインがどれもステキ!!
自分で器を 選ぶんだって!!
エーーッ わくわくするねそれ
私は自分でお茶をつくる 挽きたて緑茶セルフミキシングを
店内で 茶葉から 挽いた粉!!
私が選んだ器
どう? 茶道できる 人みたい?
ふふふ
しゃか しゃか
べつに
あぁー 挽きたての コクと上品な味!!
はぁ〜 おちつく
香りが すんごく いいね〜〜
これは チョコブランド「エクチュア」さんの 鹿児島茶入りチョコ
お茶うけにピッタリの とろけるおいしさでした
チョコ 大好き〜

ダンナはこちらの挽きたて緑茶とバナナのミックスジュース
緑茶とバナナとはこれいかに!! いざ実食!!
バナナジュースだけどお茶のようにいただくとしよう…
どれどれ…
あっ!!めっちゃうまい濃厚なバナナジュース!!
…と思ったらあとからお茶がくる
なにコレうんまーーーっ
おおお
すんごい感動してますな
ステキな器とおいしいお茶でいやしの時間をすごしました
いいなーこういうオシャレなカフェ
ね～
さぁ商店街も天三まできたからそろそろ食べ歩きは終ろかな
お腹もいっぱいだしね
以上ぷりっつプレゼンツ天神橋筋商店街たべあるき散歩でした～ さよーなら～～
急に終わるな
…とかいってたら
あ このすぐ近くに大阪天満宮があるよ
そうそうそこも行こうと思ってた!! そこまでがぷりっつプレゼンツ
うそつけ
ここが大阪天満宮!!
大阪天満宮

学問の神様で有名な
由緒正しきパワースポット!!
摂社
道真公御足跡
大将軍社
表大門のしめ縄と方位盤
一年に数日しか通れない
という「登竜門」
通ってみたい
しっかり参拝もして
本殿参拝所
御朱印もいただきました
奉拝
大阪天満宮
令和六年十二月七日
そこでみつけた「願い玉」
むむ?!
¥500
この願い玉を
池に浮かぶ的に
投げるんだって!!
ゲーマーの血が
さわぐぜぇ――
ゴォオオオオ――ッ
ゲームなの?

少し歩いたところにある星合池
奉寄進
菅神講中
星合之池
よっしゃいくぜーーーっ
芸術
良縁
商売繁盛
健康
学徳・合格
万願成就
ここに乗せる!!
はっ
ポチャン
え…フツーにムズイが
がんばれゲーマー
2コおとしましたが最後に商売繁盛をかなえる黄色にのせることができました!!
しゃあああぁ
そーゆーテンションでやるもんじゃないと思うが…
いや～楽しい商店街さんぽだった!!
食べるだけになるかと思ったけどパワースポットにも来られてよかったよ
こうなったら日本中で食べ歩きするぞーー
ぷりっつプレゼンツおそるべし
オススメの商店街みんなおしえてー!
というわけで、ちゃんとした(?!)大阪旅はこのあとの描きおろしでみてね～
以上、大阪食べ歩きさんぽでした～
まったね～

大阪府・大阪市

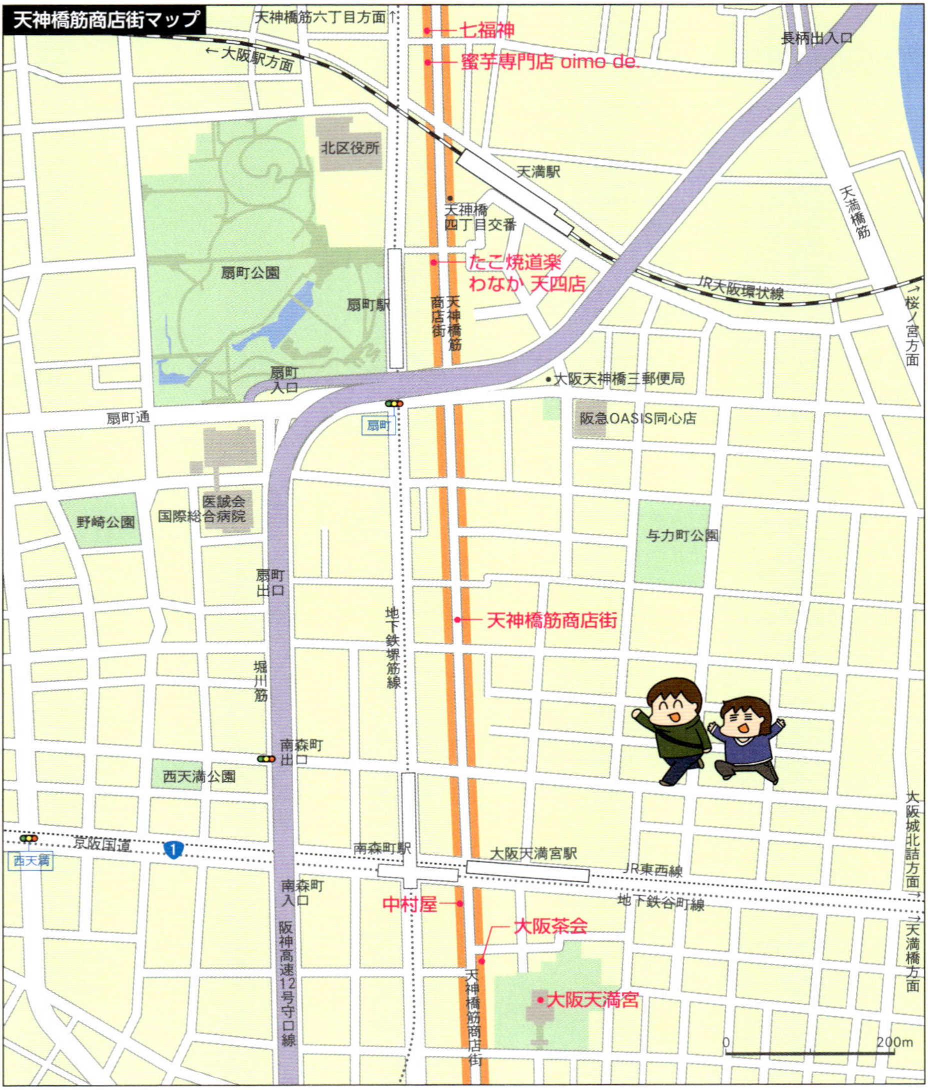

天神橋筋商店街　大阪府大阪市北区天神橋１〜７丁目

七福神　大阪府大阪市北区天神橋 5-7-29

蜜芋専門店 oimo de.　大阪府大阪市北区天神橋 4-10-18

たこ焼道楽わなか天四店
大阪府大阪市北区天神橋 4-7-21

中村屋　大阪府大阪市北区天神橋 2-3-21

大阪茶会　大阪府大阪市北区天神橋 2-1-25

大阪天満宮　大阪府大阪市北区天神橋 2-1-8

第9章

大阪城と大阪メシと名所もいろいろ楽しむ旅

前編

エリア【大阪府・大阪市】

大きい城がみたい…!!
また城ですか
あっ 心の声がもれてた?
いずれは日本の城を制覇したいので…とりあえずまだいったことがないところにいきたいなーーと
フム…
いったことない大きい城といったら…?
大阪城ですよ奥さん!!
グオオオォ
大阪城?!
たこやき
くしかつ
おこのみやき
連想してるものおかしくない?
ええやん大阪~ 大阪いこうやねん~~
エセ大阪弁やめろ
よし!! じゃあ今回は「大阪城と大阪メシと名所もいろいろ楽しむ旅」で!!
レッツゴー大阪ーーっ
やったーー
ということで12月初旬にギュイーンと大阪にいってきました!!
ギュイーーーーーン
まあ まずは道頓堀だよね
大阪といったらそーーっスね!!

おやくそくのグリコー
にぎわう橋の上からみる道頓堀の景色
平日なのに人がスゴイな
さすが天下の台所
道頓堀は大きな立体看板がズラリと並んでいてとにかくド迫力!!
そしてなぜか射的も多い道頓堀
一度やっとくしかないんじゃない?
そーだよね
てわけでダンナが挑戦!!
雪印メグミルク
牧場の朝
串カツ専門店
大衆娯楽遊戯場
実弾禁止
豆柴カフェ
大阪店

オレがゴルゴだということがバレてしまうかもしれないな…
初耳です
チャッ
パン
スカッ
パン
スカッ
パン
スカッ
どうしたゴルゴ
あと2発しかないぞ
うーむ…目がかすんでいるせいか…
パン
1コかろうじて倒れた
コン!
あっワーイ
おおっスゴイ
うまい棒1本ゲットしました(笑)
やったやったー
ゴルゴさんうれしそうで何より
よしお昼たべよーっ
おーー
「くいだおれの街」だけあってお店が多すぎて迷うな～
…と歩いていたら…
うおーー でかい看板!!
創業昭和四年
串かつだるま
大阪新世界元祖串かつ
大阪名物

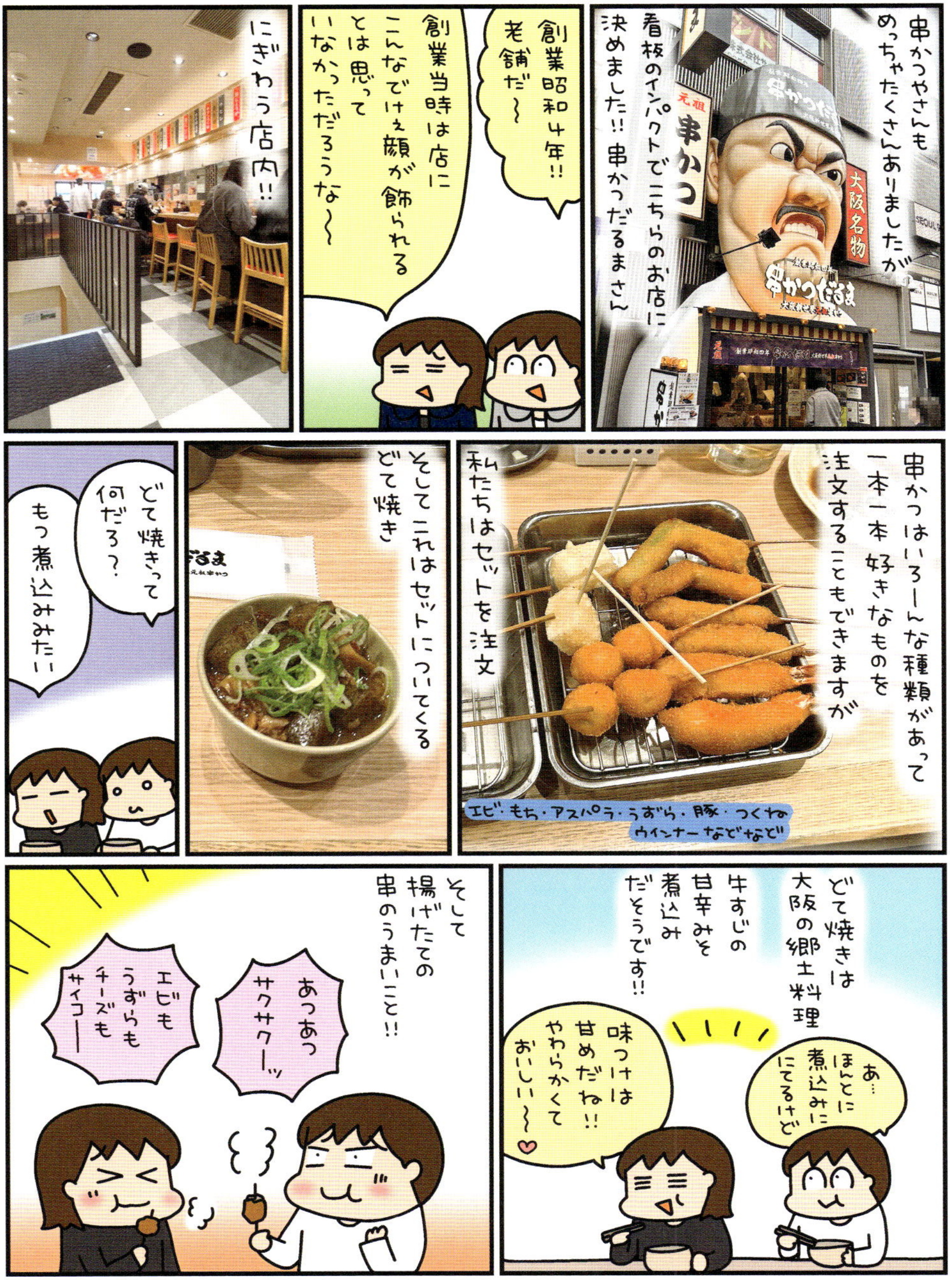
串かつやさんもめっちゃたくさんありましたが
看板のインパクトでこちらのお店に決めました!! 串かつだるまさん
元祖
串かつ
大阪名物
串かつだるま
創業昭和4年!! 老舗だ〜
創業当時は店にこんなでけぇ顔が飾られるとは思っていなかっただろうな〜
にぎわう店内!!
串かつはいろーんな種類があって一本一本好きなものを注文することもできますが
私たちはセットを注文
エビ・もち・アスパラ・うずら・豚・つくね ウインナーなどなど
そしてこれはセットについてくるどて焼き
どて焼きって何だろ?
もつ煮込みみたい
どて焼きは大阪の郷土料理 牛すじの甘辛みそ煮込みだそうです!!
あ…ほんとに煮込みにてるけど
味つけは甘めだね!! やわらかくておいしい〜♡
そして揚げたての串のうまいこと!!
あっあっサクサクーッ
エビもうずらもチーズもサイコーー

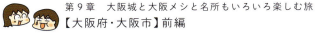

そしてこのキャベツがまたいいい!!
バリバリ食べちゃって止まんない
さらに我々はふんぱつして
高級牛肉食べ比べ4本セットも注文
私は神戸牛とシャトーブリアンを…
オレは松阪牛と近江牛
いっただきまーす!!
さくっ…
ふぉーーっ さすが高級肉!! 肉のうまみがあふれるーーっ
牛肉ってうまいなーーっ
どうですか? 食べ比べてみて
うーーん
わかったことは牛肉はうまい
牛肉は正義
舌バカ夫婦の食べ比べでした
いやー THE・大阪グルメだったな~
おいしかったー

今回はくいだおれビルがリニューアル中でくいだおれ人形に会えず
残念
にぎやかな商店街をさらに進んでいくと…
千日前
なんばグランド花月に到着!
なんばグランド花月
なんばグランド
あーっここがあの有名な!!
お笑い好き大興奮
おとなりはエンタメショップ
とりあえず(?)薬をかいました(笑)
※ラムネ菓子
とにかく頑張れる!
総合お菓子
ガンバレ〜ル
な〜んにもやる気がでない人にオススメ!
キアイン
ガンバリマッセ
配合
©YOSHIMOTO KOGYO
アンラッキーな
シア
ナ〜ル
SHIAWASENI NA-RU
ナンカA
配合
グランド花月に入ると飲食店・ディスプレイなどがあり…
吉本興業 創業110周年 記念

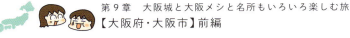

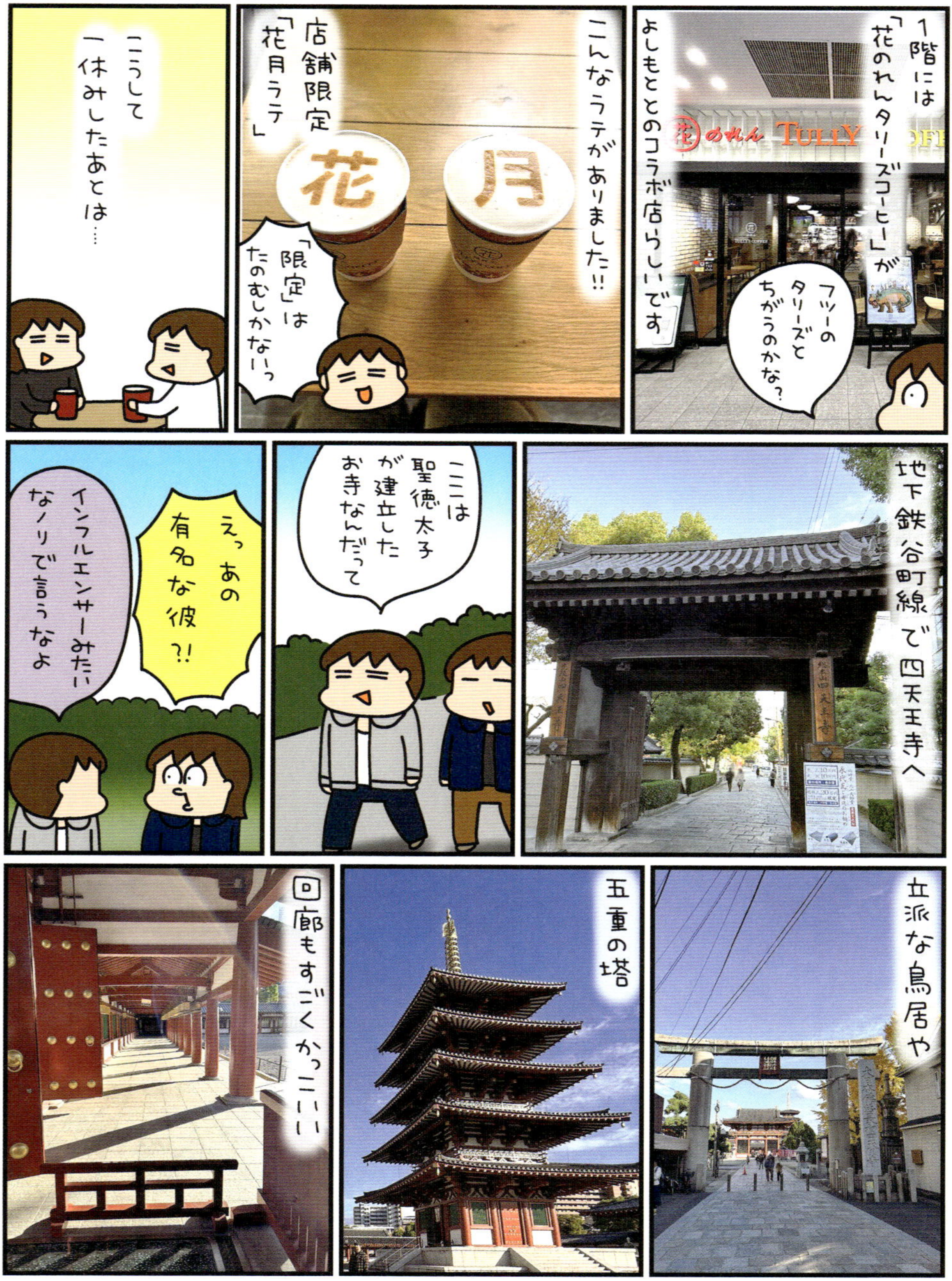
1階には「花のれんタリーズコーヒー」が
よしもととのコラボ店らしいです
のれん TULLY
フツーのタリーズとちがうのかな?
こんなラテがありました!!
店舗限定「花月ラテ」
花
月
「限定」はたのむしかないっ
こうして一休みしたあとは…
地下鉄谷町線で四天王寺へ
ここは聖徳太子が建立したお寺なんだって
えっあの有名な彼?!
インフルエンサーみたいなノリで言うなよ
立派な鳥居や
五重の塔
回廊もすごくかっこいい

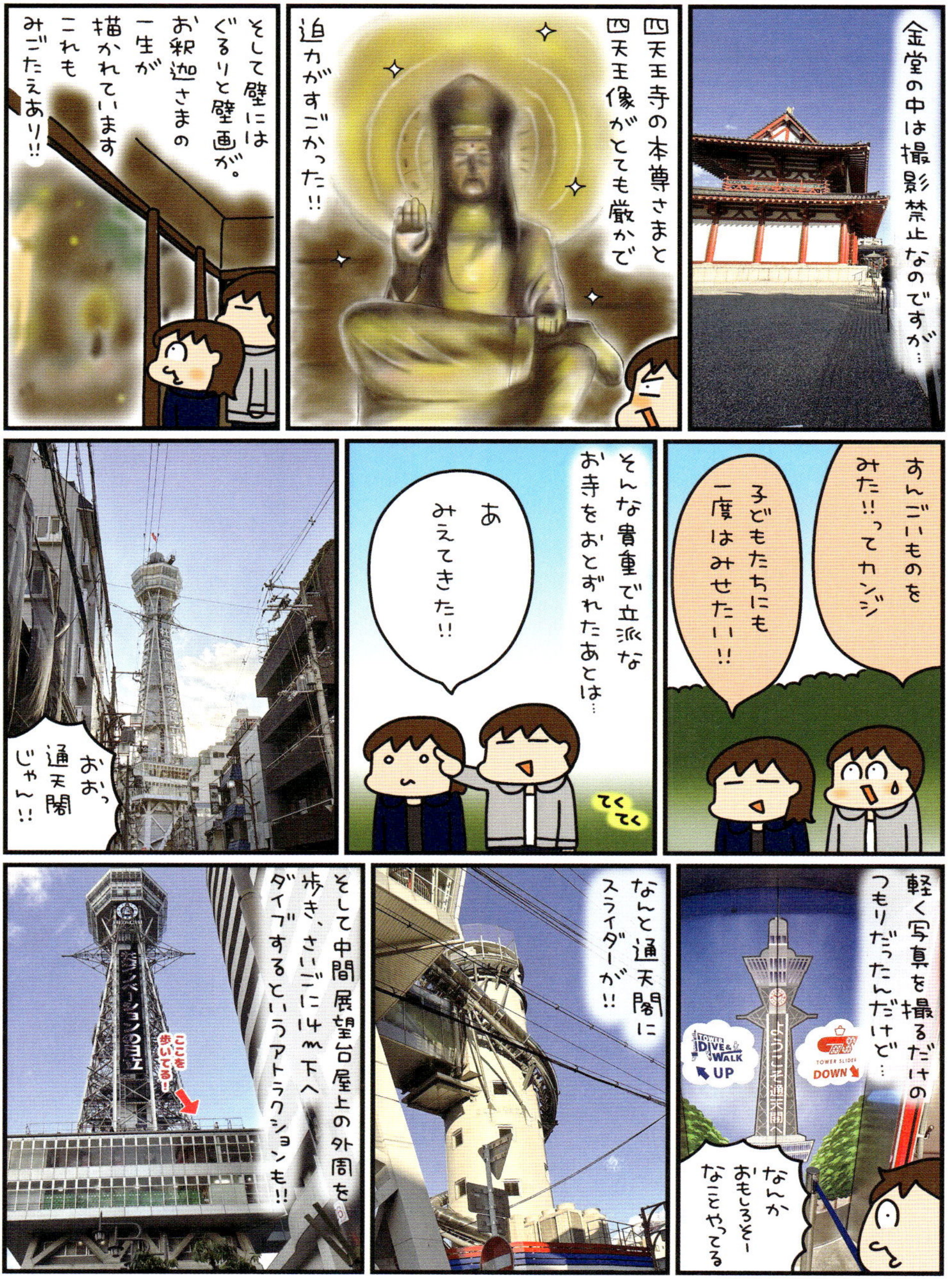
金堂の中は撮影禁止なのですが…
四天王寺の本尊さまと四天王像がとても厳かで
迫力がすごかった!!
そして壁にはぐるりと壁画が。お釈迦さまの一生が描かれています
これもみごたえあり!!
すんごいものをみた!!ってカンジ
子どもたちにも一度はみせたい!!
そんな貴重で立派なお寺をおとずれたあとは…
あ
みえてきた!!
てくてく
おおっ
通天閣じゃん!!
軽く写真を撮るだけのつもりだったんだけど…
TOWER DIVE & WALK
UP
TOWER SLIDER
DOWN
ようこそ通天閣
なんかおもしろそーなことやってる
なんと通天閣にスライダーが!!
そして中間展望台屋上の外周を歩き、さいごに14m下へダイブするというアトラクションも!!
ここを歩いてる!

やるしかなくない?!
マジで?!
こんな貴重な体験なかなかできないよ!!私やってくるからおとーさんカメラ係ね!!
ハ…ハイ
…ってわけで50歳の挑戦
ダイブ&ウォークやってきました!!
TOWER SLIDER
DOWN
ハーネスをつけてロープをにぎりながら歩くとはいえ…
人がゴミのようだ!!
ひぃぃ
フォトスポットがあるんだけどいちいち高いところにのぼらされてマジで足がすくみます
うひー
びびってるわたくし
そして最後はさらに階段をあがり、14メートル下へダイブ
3.2.1っていったら飛んでください
指示があっさりしすぎてる(笑)
ひぃぃぃ
飛ぶ瞬間は地面までおちるんじゃないかと思うこわさ!!
ここから飛ぶ!!
みよ わたくしの勇姿!!

ひょーっ
一瞬なのに長く感じました(笑)
こわかった～
勇敢だった!!
ゼィゼィ
そのあと周辺を散歩して…
大阪城の石垣になれなかった残念な石をみたり…
残念石
元気だせ
プリングルズだらけのプリングルズストアにも行きました!!
PRINGLES STORE
ANNEX
PRINGLES
おみやげもゲット～
さらにその近くにあった小さな神社にも行ってみました
奉納
奉納

そこに石のルーレットおみくじが
まわしてみよーーーっ!!
おみくじ
よっ
おおけっこう重い!!
おみくじ
ゴロゴロ
1番!!
よっしゃ大吉じゃーーーっ
ダンナは……
おみくじ
11番……
え?!てことは相当悪いんじゃないの、ねえ
ウケるーーっ
しかし1周まわって大吉
よっしゃー
チッ
あからさまに残念がるな
そしてそのあとはでんきがついてさらにド派手な商店街をぬけ……

あべのハルカスへ
ABENO HARUKAS
60階のビルだよ
展望台にいってみよ〜
エレベーターの天井をみあげるとライトがめっちゃキレイ!!
ふきぬけになっているステキなテラス
なんとコタツがありました
おでんも食べられるんだって〜
そしてこれがあべのハルカスからのながめ!!
光がともりはじめた夕暮れ時の大阪の街
キレイだな〜
東京より高いビルが少ないからなんとなく広〜くみえる

その日の夜ごはんは…
お好み焼きがいいっ どーしても今すぐたべたい お好み焼きーーっ
昼間からずっとお好み焼きが頭をはなれなかったので
わかる
たくさん看板みたから
近くにあった鶴橋風月にさくっと入店
東京だと晩ごはんにお好み焼きやさんに入ることってあんまりないよね
たしかに
今しかないっ!!
目の前で焼いてくださるのがこのお店のいいところ♡
串かつにお好み焼き食べれば「ご当地めし編」としては合格でしょう!!
ビールがすすむ～
うんまーーー!
おいしい焼きそばもたいらげて大満足でした～
さぁ明日はいよいよ大阪城だ～
わーーい
楽しい一日目は無事終了
大阪旅 2日目につづく☆

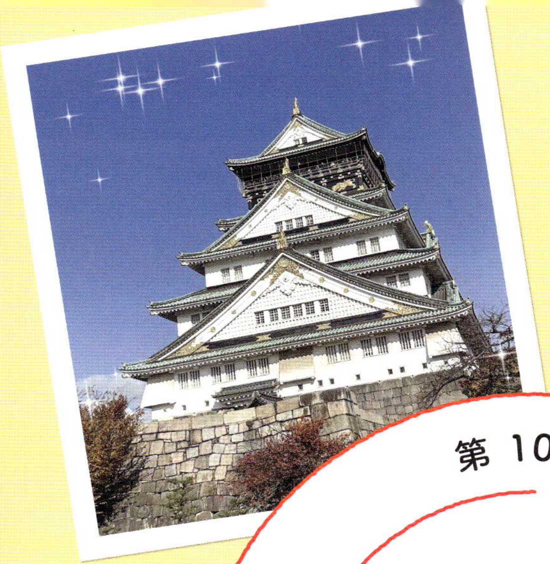

第10章

大阪城と大阪メシと名所もいろいろ楽しむ旅

後編

エリア【大阪府・大阪市】

大阪旅2日目――っ
今日もいい天気!!
念願の大阪城をみにいくであります
イエッサー
スタートは谷町4丁目駅
駅をでると歴史博物館があってどーんと高床式倉庫の家が展示されています
あっあそこに少しみえるよホラ、お城!!
わあー♡
ディズニーランド行く時シンデレラ城みえてきた時の私と同じテンション
お堀が広～～～い!!
そして入口の枡形にある石がすんごい!!

でっか
いろんな石垣みてきたけどこりゃでかい!!
大阪城の枡形ではこういうでっかい石がたくさんつかわれているんだって
しかも小豆島から運んだとか書いてあるッ
ど、ど、どーやって?!
ここもこんなに大きい石がつかわれている!!
こういう大阪城のかっこいい石になれなかったのが昨日みた「残念石」
仲間になりたかっただろうな…
同情するぜ…
大阪城公園はとっても広くてキレイ
少し歩くと豊國神社が

豊臣秀吉をまつっている神社だよ
あと秀頼と秀長
ほう
かっこいい秀吉さま
鳥居からの本殿
この神社は秀吉が足軽百姓から天下人にのぼりつめたから出世パワーがあるといわれてるんだって
あやかりたい
天下人になれますように!!
なってどーすんだよ
そして夫婦円満のお守り、夫婦守を買いました
夫婦守
豊國神社
豊國神社
豊國神社
天守閣をみに桜門をくぐると
修学旅行の生徒さんたちでとにかくすごい混みよう。。
その先にさらにでっかい石が
すごすぎるーっ

そして
かっこいい天守閣!!
おおーーー
青空に映えるぅ～～
立派だねぇ～～
中にも入りたかったけど
とにかくすごい人だったので断念…
写真だけはたくさんとってきました!!
公園内で落ち葉アートも発見!!
「EXPO2025ミャクミャク」とかかれていました
いや～大阪城満喫できたッ
よかったねぇ
そのあと極楽橋を渡って大阪城ホールの方へ…

ジョーテラスという施設がありました
オシャレなお店がいっぱい!!
私たちはこちらの55+《ゴーゴープラス》さんで食事することに♫
WELCOME TO GO
HAVE A GOOD DAY!
gogolets5@55plus.jp
店内もステキ〜
注文したのは
55+スペシャル
OSAKAJO
練乳いちごシェイク
スパイシーキーマカレー
肉が肉すぎてうま―――いっ
?
キーマカレーもうまみたっぷりでカレー好きのオレ歓喜

ハンバーガーに練乳いちごシェイク（バニラアイスぞえ）は背徳すぎる…許してください…秀吉様
だれにあやまってる
うますぎ…シェイク…
とーってもおいしいランチのあとは電車で大阪港駅に移動して天保山マーケットプレースに行きました!!
うおーでっかい観覧車
天保山って日本一低い山なんだって
そこの公園の中にあるらしい
エー?!
またまた…私が通ってた小学校の校庭に小さい山があったけど…それより低いって？
これくらいの山
みにいってみよう
公園内をウロウロ…
どれかな
もしかしてコレ？階段のぼったとこが頂上とか？
これくらいの低さの山なら他にもありそうだけどねぇ…
…とか言ってたら
あっ
これだ
日本一低い山
大阪・天保山山頂 4.53m
天保山

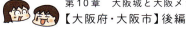

低さのスケールがちがった!!
もはや地面!!
山頂
日本一低い山
大阪・天保山山頂 4.53m
おみそれしました
あんたが日本一だ
※ちなみに天保山は「二等三角点」がある山で一番低いとされているとのこと
そのあとマーケットプレースにもどって…
観覧車にも乗りました~!!
わーい
すごい高さ!!
いいながめ~
港も一望!!
こうして観覧車に乗ってるとさ…
外側にぶらさがってる自分を想像しちゃう
ムズムズする——
ミッションインポッシブルのみすぎじゃない?
ブルブル
…~…
ユニバが近かったー!

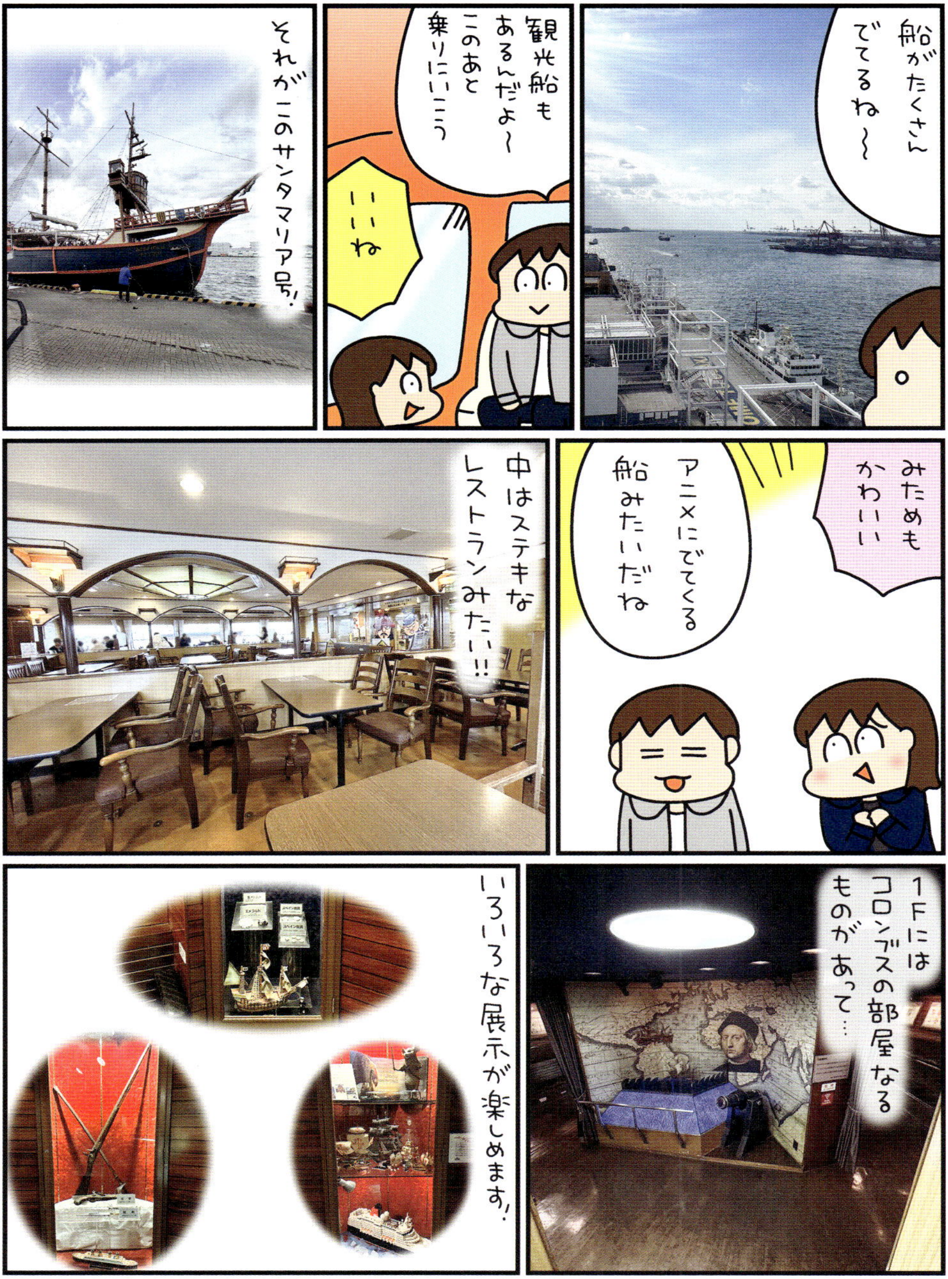
船がたくさんでてるね〜
観光船もあるんだよ〜このあと乗りにいこう
いいね
それがこのサンタマリア号!
みためもかわいい
アニメにでてくる船みたいだね
中はステキなレストランみたい!!
1Fにはコロンブスの部屋なるものがあって…
いろいろな展示が楽しめます!

軽食を楽しみながらのんびり船にのるのいいねぇ
うんうん
大阪港の景色をながめながらゆったりした時間をすごしました
そのあと少しだけ歩いて中央突堤「大阪港ダイヤモンドポイント」へ
夕日がキレイにみえる所らしいけど…
今日は雲が多いねぇ
あつい雲にかくれ残念ながらこれが限界…
まぁなんか…後光みたいでありがたい感じだよね?!
なんでも前向きにとらえるのすばらしい
そのあと天保山マーケットプレースに戻り…
ここでごはんたべていこ～
そこで立ち寄ったのがなにわ食いしんぼ横丁
なにわ食いしんぼ横丁

ここは昭和なテーマパークみたいになっていてめっちゃ楽しい!!
海底旅館
いろいろな演出があって…
わっちょっとびっくりした
カゴメ
天保山
ハイアース
細かいところまで作りこまれていて昭和な我々にはたまらない!!
北極星
そして二の世界観にとけこむようにたくさんの飲食店があるのですが
私たちは肉がたべたくてこちらの牛ノ福さんへ
肉じゃー
ビフテキ重
WAGYU BEEF RICE BOX
TAKE OUT ONLY
ドーンとビフテキ重を注文!!
牛の福
私は牛タンプラスビフテキ

肉
やわらかーっ
幸せすぎる
味つけもサイコーっスね
いろんな味を楽しめるのがいいねっ
塩にわさびに卵も!
どれもおいしい!!
最後はお茶づけも!!
おだしがきいていておいしかった〜
すごいボリュームなのにあっというまに完食しちゃった
和牛のおかげですな!!
うまかったー
すっかり暗くなったマーケットプレースの外はイルミネーションがとってもキレイでした
グルメもお城も満喫した!!
町の雰囲気も東京と全然ちがっておもしろかったねぇ
るすばんの娘たちには551の豚まんやお菓子をおみやげに買いました
わーーーーいっ♪
にぎやかでおいしいものいっぱいの大阪、たっぷり楽しめてよかったです!!
おおきに大阪ーっ

エリアマップ　**大阪府・大阪市**

道頓堀グリコサイン　大阪府大阪市中央区道頓堀1-10-4
串かつだるま道頓堀店　大阪府大阪市中央区道頓堀1-6-8
なんばグランド花月
(花のれんタリーズコーヒー なんばグランド花月店)
大阪府大阪市中央区難波千日前11-6
四天王寺　大阪府大阪市天王寺区四天王寺1-11-18
通天閣　大阪府大阪市浪速区恵美須東1-18-6
プリングルズストア
大阪府大阪市浪速区恵美須東 1-17-9 通天閣 ANNEX2階
あべのハルカス　大阪府大阪市阿倍野区阿倍野筋1-1-43
鶴橋風月 阿倍野橋店　大阪府大阪市阿倍野区阿倍野筋2-1-37

エリアマップ

大阪府・大阪市

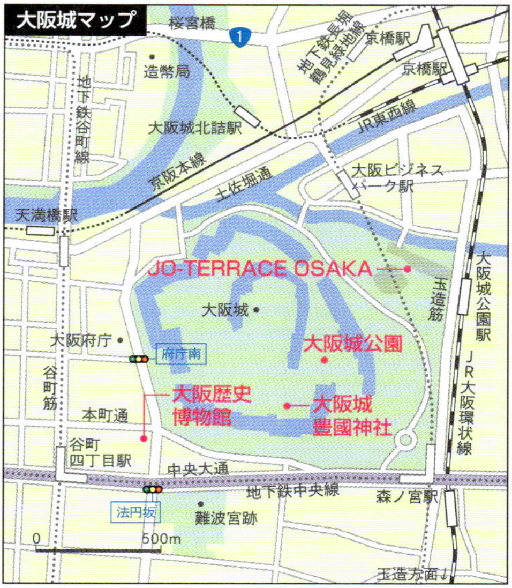

大阪歴史博物館　大阪府大阪市中央区大手前4-1-32
大阪城公園　大阪府大阪市中央区大阪城
大阪城豊國神社　大阪府大阪府大阪市中央区大阪城2-1
JO-TERRACE OSAKA
大阪府大阪市中央区大阪城3-1 大阪城公園内
天保山マーケットプレース
大阪府大阪市港区海岸通1-1-10

サンタマリア号　大阪府大阪市港区海岸通1-1-10
海遊館エントランスビル
大阪港ダイヤモンドポイント（中央突堤）
大阪府大阪市港区海岸通1-5
なにわ食いしんぼ横丁　大阪府大阪市港区海岸通1-1-10
天保山マーケットプレース内

はみ出し大阪

エリアから行きたい
場所を選ぶ!

逆引きINDEX

埼玉県・
春日部市
… p033

テーマは「藤の花と地下神殿と
ご当地スイーツに出合う散歩へ」
大きな凧あげにも感動しちゃう

千葉県・
銚子市
前編 … p063
後編 … p077

テーマは「銚子で海や景色を楽しみ
ながら大昔の日本を感じる旅」
デカ盛りグルメもどーんとこい!

東京都・
新宿区
… p089

テーマは「神楽坂で風情ある街並と
オシャレなお店を楽しむ散歩」
まさかの動物との
遭遇にも驚き!

東京都・
中央区
… p049

テーマは「銀座でキレイな
アートとナイスなおみやげを
ゲットする散歩」
老舗×革新の技にワクワク!

夫婦漫才旅シリーズで
出かけた場所はこちら！

東京都・浅草
神奈川県・湯河原
長野県・松本
埼玉県・秩父
東京都・多摩川
千葉県・館山

栃木県・那須
東京都・巣鴨
長野県・南信州
山形県＆宮城県・蔵王
東京都・品川～羽田周辺
埼玉県・川越
兵庫県・神戸
埼玉県・北本

東京都・町田
東京都・国分寺～国立
栃木県・日光
東京都・調布～三鷹
東京都・豊洲～清澄白河
東京都・奥多摩
香川県・丸亀＆琴平＆小豆島

山梨県・河口湖＆山中湖
神奈川県・横須賀
東京都・東大和、東村山
～埼玉県・所沢
東京都・江東区砂町～亀戸
茨城県・つくば
静岡県・静岡

東京都・五社巡り
三重県・伊勢市周辺
神奈川県・小田原市周辺
東京都・世田谷区豪徳寺周辺
東京都・品川区天王洲
～戸越銀座周辺
東京都・港区周辺
静岡県・掛川市～御前崎市～島田市

大阪府・
大阪市
…p105

恒例の「ぷりっつプレゼンツ！
商店街でおいしいものを
たべるだけ散歩」
食い倒れの街へ！

大阪府・
大阪市
前編…p117
後編…p131

テーマは「大阪城と大阪メシと
名所もいろいろ楽しむ旅」
まさかの絶景＆
絶叫体験にも挑戦！

愛知県・名古屋市
前編…p007
後編…p019

テーマは「お久しぶりの家族旅行で
名古屋めし堪能の旅」。みそカツ、
手羽先、天むす、金箔ソフトまで！

あとがき

夫婦漫才旅、最後まで読んでいただき
ありがとうございます！
毎度のことながら食べてばかりの散歩ですが、
とくに今回は「ご当地名物めし編」ということで、
いつもより遠慮せず（?!）
おいしいものを堪能してきました。
一生懸命歩いてカロリーを消費しても、
消費したそばから蓄えていくという
プラマイゼロの散歩…
いや、下手すりゃ（体重が）プラスなんだけど、
そのぶん楽しい思い出も蓄えているから、
日々の活力もあがりまくりです！（ってことにしておこう）

さてわが家は今年三女が20歳を迎え、
5人集まってお酒を飲んだりできるようになりました。

一生懸命子育てしているつもりでいたら
あっという間に対等になり、
さらに最近は子どもに教えてもらうことも増えてきて、
いよいよ「老いては子に従え」が頭をよぎる年代になってきたかも…?!
でも、大人になった娘たちとゲームをしたり出かけたり
飲み会（笑）をするのは本当に楽しくて、
我々夫婦もまだまだ老いてる場合じゃないなと
自分に喝を入れている毎日です。
そのためにも、夫婦で漫才みたいな会話をしながらたくさん歩いて、
活力があがる思い出をたくさん作っていかないと、ですね。

どこに行っても「うまーい!」「きれーい!」「たのしー!」
ばかりでおでかけのガイドとしてはゆるすぎる旅行記ですが、
これからもみなさんに楽しんでもらえるよう、
各地でいっぱい感動してきます!
次の漫才旅もぜひぜひ、みにきてくださいねー!
それでは今回はこのへんで。

松本ぷりっつ

Staff

ブックデザイン
あんバターオフィス

DTP
ビーワークス

MAP制作
いしかわかおり（フロマージュ）

校正
齋木恵津子

編集長
山﨑 旬

編集担当
因田亜希子

編集協力
互 日向子
吉田彩里

初出

本書は「松本ぷりっつの夫婦漫才旅ときどき３姉妹」（WEB「レタスクラブ」2024年７月～2025年１月の内容を改定し、描き下ろしを加えたものです。
※情報はすべて旅をした際に体験した情報によるものです。

松《まつ》本《もと》ぷりっつの
夫婦《めおと》漫《まん》才《ざい》旅《たび》ときどき３姉《し》妹《まい》
ご当《とう》地《ち》名《めい》物《ぶつ》めし編《へん》

2025年３月１日　初版発行

著者　松《まつ》本《もと》ぷりっつ

発行者　山下直久

発行　株式会社 KADOKAWA
〒102-8177　東京都千代田区富士見2-13-3
電話 0570-002-301（ナビダイヤル）

印刷所　TOPPANクロレ株式会社

お問い合わせ
https://www.kadokawa.co.jp/（「お問い合わせ」へお進みください）
※内容によっては、お答えできない場合があります。
※サポートは日本国内のみとさせていただきます。
※Japanese text only

定価はカバーに表示してあります。

ISBN 978-4-04-684325-8 C0095

松本ぷりっつの既刊本！

悪あがき英会話

アラフォー夫婦の挑戦

「May I clean your room now?」
「ノ…ノーソージ…」

ハワイ旅行で現地人に話しかけられるもサラッと英語がでてこなかった…。そんなくやしい経験をのりこえるべく、ぷりっつさんとダンナさんがアラフォーにして一念発起！

「シャドーイングが効く!?」「何より伝えたいと思う心が肝心」。英会話ビギナーが悪戦苦闘を経てけっこう話せるようになるまでを描く、爆笑英会話コミックエッセイ！

悪あがき英会話
アラフォー夫婦の挑戦
松本ぷりっつ